尋找阿嬤的味緒。

美濃客家飲食文化與生活智慧

Hakka Taste!

美濃文化產業協會總幹事 **邱國源** ——— 著

目錄

目錄

第三部 尋回阿嬤的味緒

美濃客家食譜寶典

美濃旅外同鄉會榮譽總會長
客委會榮譽顧問　宋國榮

邱國源老師的大作《尋找阿嬤的味緒》，窮其一生收集寶貴即將失傳的美濃道地客家菜，並考據客家源遠流長從中原先人渡海開墾瀰濃庄的歷史記憶，繼三年前匯集出版的《美濃客家語寶典》之後又一本能為美濃客家食譜保存的重要著作。

民國六十五年春，我結婚時有分「幼席桌」宴請來賓、另有「粗席桌」宴請沒收禮金的親友、鄰舍及小孩或弱勢族群。小時候辦桌請客、搭布蓬、借桌凳，收禮金時如包三百六十元，當場還要找四十元；喜宴都在正午十二點，紙炮一響，準時開桌；親家趕不及也照常。農忙時節，有人戴笠蔴有時站著，食完要趕工，因大家習以為常見怪不怪。歸還桌凳時，要將剩菜混在一起放在錫桶回饋「雜菜」，其中有番豆、小封、鹹菜、筍干、肉丸……等味緒蓋好。回憶孩童時，希望從雜菜鍋底撈到一塊小封豬肉，又香又好食！

過年或熱鬧時節，如國源老師所稱美濃市場附近街上萬頭攢動，白灼魷魚、炕煙腸（烤香腸）、紅豆湯圓都要排隊。記得民國五十幾年，寒假時與同學朋友回到美濃舊市場內右邊一家小吃店，共食牛腸肺料理，至今感受美味又溫暖。

早年家裡種菸草、燻菸葉，半夜煮鹹粥消夜，烤番薯、包黍（玉米）、甜粄……；繳菸葉後，在美濃戲院旁或橫街吃面帕粄，也是常有的享受及期待。

客家委員會也推廣各地美食，並鼓勵年輕人傳承發揚客家美食，選擇人才赴法國受訓，協助創業等……黃玉振主委時，開會宴客餐廳指定要有幾道客家菜。桐花季時，常去銅鑼鄉鶴山餐廳的客家菜也很有創意特色。

劉慶中主委在六堆運動會也儘量安排委員會在客家料理餐廳聚會。二度回任的李永得主委，也曾在台三線邀請現任總統參訪由客委會輔導留法青年創業的客家法式料理坊。不久前在高雄漢來大飯店宴席有一道「客家樹豆燉排骨」不僅美味，也感覺客家美食不僅受重視也可登大雅之堂。高雄市客委會古秀妃主委鼓勵「留美創業」，計劃也獲得良好成果。

時代一直在轉變，如何經營及保存傳統，客家美食更要與時俱進，身為美濃客家子弟，邱老師有心保留阿嬤的味緒，希望我們也盡一份棉薄之力，鼓勵完成大作，讓美濃客家美食精髓食譜保留傳承下去，功德無量。

美濃地產醃漬的客庄人情錄，飲食書寫醞釀的美濃文化考

立法委員
邱議瑩

邱國源老師致力於美濃文史研究，是議瑩時時請益且尊敬的長輩，邱老師邀序時，我既驚喜又誠惶。

《尋找阿嬤的味緒》可說是邱老師將他畢生鑽研的美濃地誌考究、文化典故及生命典儀之集大成，從客家飲食文化的起源到美濃地理物產及祭祀風俗所發展出的飲食特色，引領我跟隨他的文字一路尋找美濃阿嬤的味緒。《論語》說的「食不厭精，膾不厭細」在美濃可不管用，客庄農家講的是質樸和實在，體現在烹飪技法就是粗刀大塊的豪氣了。

《尋找阿嬤的味緒》中，邱老師不只一次提醒，美濃客家菜就是傳統農家菜。返鄉發展餐飲外燴的美濃子弟更將農家菜發揚成酒家菜，翻閱這本書時，我彷彿看見了旗美地區的鎏金風華。

傳統客家菜不脫鹹、香、油、濃，美濃農家菜更著重素、生、鮮、野、雜、快，在在昭顯客家人開庄拓墾的艱辛，以及客家女性勤儉持家的堅韌，表現在日常飲食中的文化底蘊，正是美濃人最為重視的倫常價值。議瑩是美濃的客家媳婦，我的婆婆就是用這樣樸實溫厚的態度教導著我們後生。基於養生之道，我的日常料理雖然少了客家人強調的油、鹹、醃，但美濃的山翠水甜是我的天然大冰箱，每每回到婆家，婆婆總牽著我到田裡摘取最新鮮的野菜和水果，汆燙後佐以簡單的薑末、醬油就是美味又健康的家常菜。

我曾在鍾鐵民老師的書上看過：「一個人沒有心靈的家鄉可以懷念，沒有深愛的鄉土和人民可以認同，那是多麼孤單寂寞的感覺啊！像是浮萍！他越老越覺得他跟這個家鄉不可分離，他也希望自己的子女心靈上永遠有這個家鄉。」謝謝邱國源老師用他愛美濃的心情、愛鄉土的文筆為我們留住美濃阿嬤的味緒。

讓客家文化在家庭教育中傳承下去

立法委員 管碧玲

我是客家人，可能從我的曾祖父時代就搬家到少有客家人的台中縣豐原鎮。那個地方普遍稱呼客家人為「客人仔」，認為客家女人是「恰查某」、很會打架。爸爸或許因為怕我們被歧視，沒有教我們講客家話。我只有在親戚來的時候，會聽到爸爸媽媽和他們講客家話。但是，我媽媽其實是石岡鄉的本省人，為了孝順婆婆（我的阿內），嫁雞隨雞，不但會說流利的客家話，也教我們孩子謹守客家倫理。

我們除了在餐桌上，要等全家坐好坐滿才能開桌；魚、肉好料，一定是阿內和爸爸吃剩了，我們才可以吃；連拿湯匙盛湯同時，沒有把手中的筷子放下，都會挨罵。當然，絕對是由我們替阿內、爸爸盛飯；爸爸說飯要六分滿、七分滿、一半，孩子都要盛得出正確的份量，而且飯要鬆鬆的，不可以壓得太緊。

爸爸媽媽對有字的東西（報紙、日曆之類）都特別尊重，我們可以拿來使用，像是做風箏、做毽子、摺紙飛機，但如果我們拿來坐在屁股下面，就要挨罵挨打了。一直到在美濃看到敬字亭，回想兒時情景，才知道，原來媽媽把客家的惜字文化，在家庭教育中傳承了下來。

這次看到邱國源老師的大作，更多的回憶湧上心頭。小時候搬木梯爬上鐵皮屋頂，摘媽媽種的九層塔來煎蛋；高麗菜和蘿蔔盛產時，利用隔壁木材行的圍牆曬高麗菜乾、蘿蔔乾；清明節做紅龜粄、鼠麴粄；還常常奉命用筷子從紹興酒瓶窄窄的瓶口，千辛萬苦地挖出塞得緊緊的梅干菜給媽媽燉肉……這些都是客家飲食的文化，媽媽讓我們從小在家裡吃客家菜長大。等到我自己當媽媽，成了職業婦女，親子關係平等，客家文化在我的家庭，就只留下「梅乾扣肉」、「九層塔煎蛋」、「酸菜肚片湯」、「醬蘿蔔」這幾道菜，和孩子聽我們口述的種種「傳說」了！

看到邱國源老師出書，把客家文化和客家美食詳細研究，娓娓道來，真是感謝。邱老師先是採集客家諺語，出版了珍貴的書，對客家文化保存與發展，長期奉獻，是我十分敬愛的長者。這次再把客家美食賦予文化美感，像說故事一樣引人入勝，商周出版特別做了精美的編輯，相信一定深得大家喜愛，大為暢銷。這本大作也讓我深受感動，真誠的推薦給大家，讓客家文化給更多人分享。

美好滋味的饗宴

國立屏東大學中國語文學系主任
台灣地區美濃博士學人協會理事長　劉明宗

俗謂：「民以食為天，食以味為先。」美好的滋味，永遠令人難以忘懷。在浩瀚的美食世界中，有人喜歡吃，有人喜歡欣賞；有人會做，有人會說，有人會做、會說但不見得知其所以然，有人不但會做、並且能知其所以然。無疑的，邱國源老師就是屬於那上知飛禽鳥獸、下知蔬果魚蝦的美食達人。他不但會說、能說，而且還做得一手好菜。

光看書名《尋找阿嬤的味緒》，便知道這是而今令人尋味的古老好滋味。看看菜單，羅列了早期故鄉美好記憶的菜餚，如封肉、薑絲大腸、鹹菜鴨肉湯、高麗菜冬瓜封、鴨蛋煎蘿蔔絲、客家肉餅、美濃雜菜、鹹魚肉餅……無一不是魂牽夢縈的美好味緒，光看菜名就已覺口水不斷湧現，更遑論在邱老師注重食材健康、原汁原味的細心要求下，所呈現的美濃客家傳統農家菜是如何的誘人心神。

本書的可貴，不僅在保存美濃傳統農家菜，讓這種美好滋味在現今強調速食的社會中能傳承健康、美好的飲食觀念和滋味，邱國源老師更耗費了許多精神在探究這些菜餚背後的文化、歷史和意涵，充分解析自長久以來、於日據、台灣光復後的美濃客家傳統農村菜的演變，他對歷史真相的考究，說故事的功力實在讓人佩服，是以本書加上一個副標題「美濃客家飲食文化與生活智慧」。

基於對客家美食的熟稔與喜好，對客家飲食文化傳承、宣揚的使命，邱老師不顧自己身體的狀況，傾全力完成了此次撰作；而身為美食喜愛者的我，近年因與邱國源老師有較密切的接觸，知道這僅是他知能寶山的一部分而已，其實還有許多值得我們期待、驚喜之處，但他對美好事物的執著，對美食的心心念念，真是讓我感佩不已。是以特在此推薦本書，希望能給所有的讀者帶來美好的美濃客家傳統農家菜饗宴，也為大家的味蕾增添幾許客家文化的精采。

留住客家的好味道

高雄市美濃區農會總幹事 鍾清輝

「食飽吂（無）？」是客家人慣用的見面招呼語，適用於任何時候，可見「食」在客家族群日常生活的重要性。《漢書．酈食其傳》：「王者以民為天，而民以食為天。」飲食是人體賴以生存的必要條件，是生命活動的能量來源，必須先填飽肚子才有力氣工作；「烹飪」則影響「食」的美味與否。尤其中國菜向來以色、香、味俱全聞名，除了食材選擇之外，烹飪技巧與方法在飲食文化扮演著關鍵角色。

「鹹、香、肥」的客家飲食特色，來自毫不馬虎的烹飪料理方式。火候大小、時間快慢、調味料多寡，每一個環節都是學問。今日一切追求方便的速食文化，讓講究功夫菜的客家美食逐漸流失，客家文化也從中漸漸消失。

博學多聞的邱老師一直深愛著這塊孕育他的家鄉，並有感於客家文化的流失嚴重，畢生致力於客家文化傳承。不管在語言、俗諺、棚頭、山歌等方面，長久以來不遺餘力進行研究，尤其對美濃的人、事、物，不管是歷史地理、文化語言，尤其在客家飲食方面，更是投入了大量的心力。除了書籍的閱讀、田野調查，更利用各種機會訪問耆老，希望能留住客家的好味道，而這味道就是孩童時代「阿嬤的味緒」。

美濃是個農業大鎮，一年四季各有不同的農產品，這些農產品也是當年「阿嬤的味緒」的食材來源，書中所述：「美濃人久居山間，刻苦勤儉，蔬菜是他們普通的農作物，百姓因地制宜，就地取材，不用魚肉相配，單是蔬菜就可以醃製或烹煮出味道鮮美、豐富多彩的家常菜。」道出了客家人善用本地資源，並能創造出獨具特色的客家飲食文化的真本事。

感佩邱老師的用心與付出，《尋找阿嬤的味緒：美濃客家飲食文化與生活智慧》的出版，不但將客家的飲食文化發揚、傳承，也為美濃區農會及美濃農民做了最有意義的客家飲食文化保存。

尋回「美濃傳統農家菜」是刻不容緩的課題

曹丕的《與群臣論被服書》：「三世長者知被服，五世長者知飲食。」意思是說：家族三代連續為官，大概能明白穿衣服的道理，五代連續做官才知道美食的含義，家傳的作用在這裡是很明顯的。宋代以前，廚師還沒有成為一個行業，廚師多是家廚。講究被服、飲食需要有一定的社會地位、閱歷和經濟條件。在古代能有這個條件的，大體上只有連續三、五代都是富貴的家庭，生長在這樣的家庭中，才能懂得衣、食、住、行的。《老學庵筆記》中：「三世仁宦，方解著衣吃飯。」即出生在世代做幹部的人家，才懂得衣食享受。也就是俗話所謂的「三代學穿，五代學吃」。

雖說無文獻及記錄證明渡台的美濃先人，曾經於原鄉是三代當過翰林高官而吃過官府菜餚，但是我們可以斷定：先祖們「隨時可以殺牛、殺羊、殺犬豕，百姓可以食珍」；甚至於可以在割禾

「吃朝」之時，吃得到「三及第」新鮮豬肉湯，晚上有「鹹菜番鴨湯」。我家常常於收割山冬禾之際，殺鵝添菜、煮鹹菜兔肉湯；燻菸葉時期，常常煮夜粥；雞蛋粥、三文魚罐頭粥、魷魚豬肉粥，甚至於煲江瑤珠雞亂粥（瑤柱小母雞粥）。

我從小就和飲食小吃結了好緣

敝人出生於美濃中壇的范家，祖父范阿榮於一九三五年，在南隆合興莊戲院旁賣「面帕粄」（粄條）生意；父親與阿和叔叔於一九四九年起在中壇市場內，分別經營早餐及面帕粄生意至今；我家經營面帕粄飲食小吃已達八十三年之久。在美濃地區的飲食業界，有四代相傳而不停歇者，真是極少有的。我的生父因懂得烹調之術，所以與中壇地區的老廚官廖成枝結為親家，也因為我爸爸會廚藝，便與第一位在美濃開福州席店的福州人——黃振光老闆——結為好友，並把我大哥范德喜帶進福州黃老闆家學習廚藝。讓我大哥與廚藝結了終身之緣，使他變成旗山南松飯店的重要廚師之一；

他是把美濃「粗席」改為「幼席」的第一人，也是把「福州油飯」帶回美濃，徹底改變了外燴菜餚桌面的廚師。

上天真會安排，我在四歲時，被與美濃第一公有市場相鄰的邱家望族收養。邱家世居之地與美濃市場、役場各機關相鄰，早期邱家四個伙房，與吳家伙房、古家伙房仳連，是美濃最為繁榮的行政商業地區。

我每天上小學與外面聯繫的通道，均需經過好幾家面帕粄店或豬肉攤、魚攤、菜攤、雜貨店、種子行；六十年前，更是美濃春節的棋場、民間消費遊藝活動的空間，過年期間、元宵節或二月戲、打大醮等，所有地方小吃都會在我家前面的市場內、外空間擺攤。諸如，賣蛇肉、賣碗仔粄、賣梔粄、賣面帕粄、賣水果、薑糖仔、麻糬、油錐仔、糖棗、花生糖、冬瓜糖。最令人懷念的是邱秋郎經營的「南風冰果店」所賣的蘸薑汁的削皮番茄、純糖熬煮的冬瓜茶、紅豆冰；還有黃德榮、黃德華兄弟的面帕粄。

一九六〇年代，吃「蘸醬白灼魷魚」成為來美濃遊玩、逛街的高貴消費與享受。六十年前吃一碗面帕粄或吃一小盤白灼魷魚，對一般美濃人來說，是極為困難及奢侈的事。

據我所知，自一九五一年起，每年的元宵節鬥鬧熱、美濃二月戲等活動，我家的四門六親都會從南隆、廣林、竹頭背各庄趕到美濃來看熱鬧；匯集到我家吃飯的親朋就約有十六桌之多。我家總動員要招待這些至親長輩，當時我家的桌椅、碗公與飯碗等餐具，備有數十個竹簍。我家雖非三世為

美濃庄賣粄條最久的阿嬤黃金妹（美濃人都叫她假黎婆）。她公公黃阿福在美濃市場未建好之前，於上庄開始賣面帕粄，至今已傳到第四代，第三代的婆婆今年八十歲。一九六三年行政院長蔣經國先生第一次來美濃，煮粄條給他吃的老婆婆。現在已無人知悉這是她家族賣面帕粄的故事了！

仁宦的家庭，但在美濃地區確是豐富盈食的大農戶。五、六十年前種種祭祀飲食文化的活動內涵與精神，在少年時期的我，其印象深深地銘鏤於腦海，當時雖是不懂其然，卻知道要吃香濃的「大封」、「小封」與「雜菜」等美味菜餚，必須等待家裡或伙房中有喜白大事發生。

經營餐廳後，方知飲食文化學問深且不易懂

一九八六年三月間，與老鎮長及一些政治界前輩、好友們、我大哥范德喜，合夥經營一家旗山地區最大的「鮮大王」餐廳；於此經營期間開始學習菜名、菜單、餐飲管理（當時台灣尚無餐飲學校），觸摸美濃在地農產品及傳統農家菜餚。當時偶有外地旅客來到美濃用餐，常常會說：「你們美濃人很喜歡用動物內臟做料理。」身為總經理的我卻無法解釋，美濃傳統農家菜甚愛用動物內臟作菜的深奧道理，也無法理解我的叔公們，凡宰殺烹煮狗肉之時，狗肝一定是大家議論爭吃的原因。三十多年前，我對客家文化開始關心，做了美濃客家諺語、農民及飲食諺語的訪談與收集；步入老年後，閱讀飲食古籍，方知其中一、二。

「吃」是一種不斷發展的文化，「食物」是定義人類身分認同的要件，更是一個族群獨特的展現標誌，有對祖先記憶的痕跡，亦是該族群長期實踐而成的生活內涵。這其中或許尚存有族群原始的生活飲食習性，但更多數的表現應該是族群在生存的過程中，與所處的土地、環境、不同族群互動中產生的改變與沉澱的文化。

在漫不經心幾十年的歲月中，我發覺美濃客家族群人口逐漸外移，傳統禮教禮儀早已不復見，又加上速食工業崛起，機械、化工調味料的發達，食安問題讓人憂心忡忡。這些因素直接與間接影響了美濃客家傳統飲食文化，由餐廳經營者或廚師取材及烹調方式即可看出：美濃客家菜餚文化中隱含的「節儉樸食」、「吃苦勤奮」的傳統客家精神與美德已逐漸消失。原本美濃客家人久居封閉山區，自然原味烹調的風格，「真心用心」、「原汁原味」的重要元素及精髓已蕩然無存，美濃的傳統農家菜——阿嬤和母親的味道——已漸漸流失及頹廢中，訪查、記述、臚列美濃傳統農家菜的工作，是一項刻不容緩的重要課題了。

前言

源遠流長的美濃飲食文化

我一直有「飲食就是歷史」的概念，食物與人類生存、社會發展的關係密不可分，而人類學對食物之於人類的需求功能、社會踐行以及文化系統之間的複雜性和多樣性研究也從未間斷。當人類與食物建立了生態關係後，便會衍生出人類與食物之間的政治秩序和社會倫理，即人類通過與食物的關係建立起一套秩序性的政治倫理。

味緒是客語，就是味道的意思。

美濃人有著獨特的遷徙歷史，透過觀察各族群的飲食演變方式，可發現其生活方式與型態逐漸改變，飲食文化蘊含了社會、經濟與文化等多重意涵，更是探討一個族群文化最重要的媒介。

美濃老祖先千百年來，雖經過多次的遷徙，也經過多次人生命運的流轉，他們與飲食的匆匆腳步，從來不曾停歇，能相濡以沫，能經千百年而不變，能翻山越嶺穿過時空的，只剩一路陪伴祖先們的家鄉味道或貫穿時空的「母親的味緒」。

祭祀禮儀

暨南大學林乃燊教授認為：飲食是人類生存和發展的物質基礎，隨著人類文明程度不斷提高，飲食文化也不斷地豐富和發展。它涵蓋著物質文化和精神文化兩個領域，是人類健康生存、社會和諧發展的根本前提。飲食文化是一種範圍極廣的文化，上至國家，下至百姓，是一種天天都能見得到、摸得到的文化，奠基了豐厚的烹調理論和技術。因此「飲食文化學」可以說是一門跨越自然科學、技術科學與社會科學，融會科學與美學的綜合性學科。

美濃客家人在祭祖文化，或在民間信仰儀式中，食物在分配給神、鬼、祖先的過程上，提醒了我們對現實社會和超自然之間的微妙關係。除了在文明演化的大洪流中觀察飲食文化的演變和料理菜餚的發展，人類學的研究學者對於日常生活的實踐和社會變遷的敏感反應，發覺「飲食習慣」可幫助我們認識過去幾個世紀以來社會口味及文化價值的轉變。

「禮」起源為祭祀；如孔子即在《禮記・禮運》中強調以飲食來「致其敬於鬼神」的祭祀禮儀；而同篇中的「夫禮之初，始諸飲食」，更被後世認為：飲食活動中的行為規範是禮制的發端。簡單來說：我國「禮儀」的發端是祭祀禮儀，而「祭祀禮儀」是從飲食禮儀起始的。

綜觀美濃各庄祭祀行三獻禮的活動，不論在禮儀名稱與行禮內容上，與古禮的近似度高達七成以上；如以初獻禮、亞獻禮、終獻禮為行禮主軸；客家三獻禮與古代傳統三獻禮幾乎一致。客家三獻禮儀的注用詞，均與古代用語相同，足見客家三獻禮與中原古禮中的三獻禮淵源深厚，甚至可說是一脈相承。

簡單的說，我們美濃人祭祀禮儀及三獻禮的一貫實行，及其祭儀過程、飲食習慣的深度，均承襲了中國傳統庶民祭祀飲食文化，而且可以跟原鄉開基地區的祭祀飲食文化做聯結。

北京師範大學民俗學教授萬建中在《中國飲食文化》中指出：「中國飲食與

美濃區祿興里伯公溝福德祠

伯公溝伯公聖誕千秋活動

國泰民安、文學藝術、人生境界，宗教信仰等都有千絲萬縷的聯繫，呈現出博大精深、源遠流長的特性。其魅力不僅在於食物本身，還表現為其具有無窮的文化和精神輻射力。」他也認為：年節食俗是一種「活」的文化現象，它一直處在不斷的流動和演變之中，是具有相當特徵的文化現象。

事實上，美濃客家人的美食佳餚均可與歲時節慶的祭祀活動做一貫性密合；美濃地區歲時節慶的祭祀禮儀行為有許多種，如：滿月、週歲、冬至、分年、滿年福、元宵、新年福、伯公生、掛紙、二月戲、端午節、中元普渡、中秋節、敬豬欄伯公、生日、婚禮、喪事、各神仙聖佛聖誕、各類型齋醮、其他時令食俗等等。加州大學聖地亞哥分校文學系臺灣研究講座教授廖炳惠說：客家飲食文化在早期的飲食形態，基本上是表現在與天地諸神共享，利用飲食與天地萬物，形成精神與靈魂上的交換，藉以得到福報和保障。所以食物通常具有儀式性的性格，用來祭祀祖先以及部落圖騰。這在許多道統與天地互為呼應的秩序下，飲食經常與政治、宗教秩序形成具有調和鼎鼐的隱喻。

人神共享的飲食型態

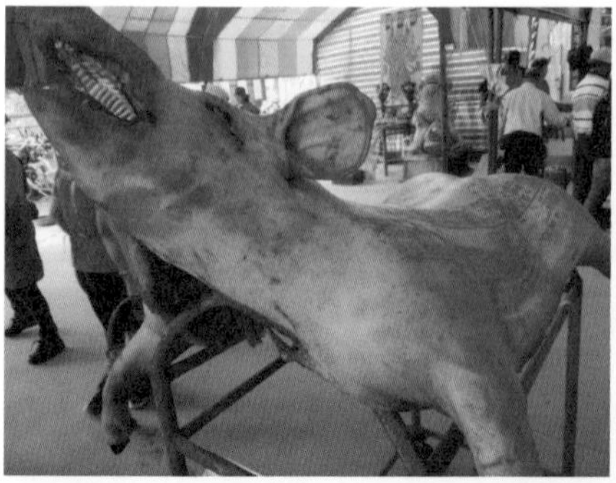

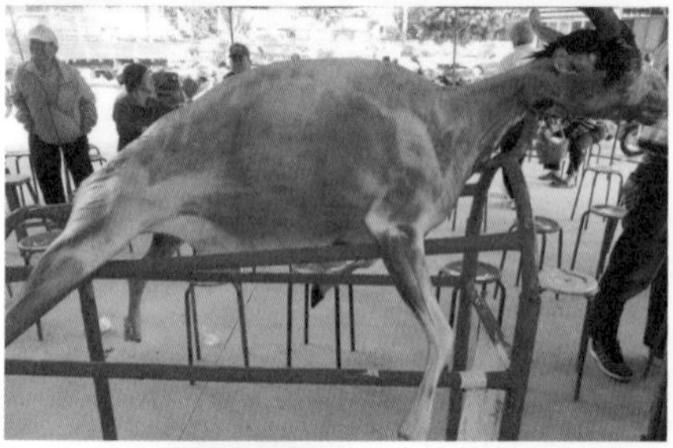

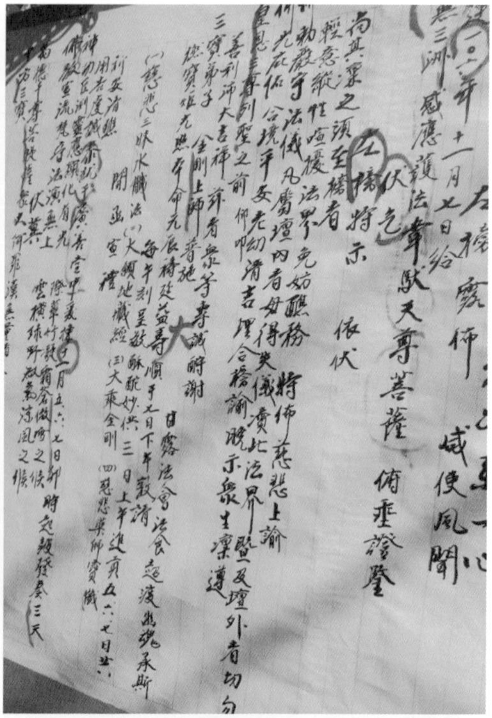

唵佛光普照信
唵佛光普照信

在農業時代，美濃人與其他族群一樣，都會在播種前或收成後，向土地公或五穀神祭祀，將飲食之源歸功於大自然神界神祕力量的掌控，故需以祭祀的方式來表達對大自然的敬畏與崇拜，並發展出「人神共享」的飲食型態。

為了敬慶年節，祭拜鬼神，需宰殺豬、羊、雞、鴨、魚等，製作糕粄與準備齋蔬，還有鮮花、香楮、炮燭、禮金等供品，其祭祀禮儀主要是闡述：飲食與人群的關係，及其所產生的社會意義，在極普通的飲食生活中咀嚼人生的美好與意義，對付鬼、神也像處理人際關係一樣，總是通過食物來疏通關係；具備豐盛的祭品賄賂神明，以換取精神與心靈上的平安與滿足。

美濃人的先祖雖經多次遷徙、渡台，其飲食內涵，原鄉的痕跡、土地、物產、環境的限制、蠻異族群的影響，構成了今日所見的客家飲食風貌。但從歲時飲食觀之，確實有許多與中原漢族習俗大同小異，這也驗證了在遙遠的年代裡，它與漢民族密不可分的關係。美濃人祭祀飲食活動與食物的意象，是反映客家社會文化的櫥窗。這些祭祀習俗雖然會隨著時代進步而逐漸式微，但不管時代如何變遷，美濃祭祀飲食活動所呈現出家庭的倫常觀念與傳統的儒家思想，都是客家飲食文化深厚底蘊的表現。

1 客家文化與客家菜

客家人從中原黃河邊遷移到南方，既吸收了南北方的飲食特色，又累積了各個歷史時期的飲食精髓，創造了自己博大精深的飲食文化；最顯著的飲食特點就是突出主料、味厚濃香、注重養生、原汁原味。

客家的起源

客家的起源存在多種說法，真的莫衷一是；以下列舉幾項較具代表的說法。

一是客家學大師羅香林的「中原說」，他認為：現代客家人是中原移民的後代，與南方土著民族無關，是血統最為純正的漢族人，也就是「北方南遷漢人發展演變而來」。

二是，嘉應大學的房學嘉教授在《客家源流探奧》一書中指出：「客家人並不是中原移民，他們既不完全是蠻，也不完全是漢，而是由古越族殘存者之後裔，與秦統一中國以來、來自中國北部及中部的中原流人，互相混化而成的人們共同體。」此種說法，顛覆了傳統羅香林認為客家人是純屬優秀漢人南遷之說。

而福建社會科學院研究員、客家研究中心主任謝重光在《福建客家》中則認為：「譜牒存在著嚴重的偽托假造現象，其所載本族郡望和遠祖遷徙情形，往往不可信。唐宋時期，客家先民中無所謂『士族』，更無所謂『中原士族』，客家先民的基本構成，主要是平民百姓，尤以窮苦民眾為多，官宦人家、書香子弟……在客家先民中只是少數。」謝重光的論述認為：客家文化的主體仍以中原漢文化為主，南遷後與當地土著融合產生質變，因此不同於原來的中原文化，亦有別於當地的土著文化，是產生化學變化後的新系統客家文化。

大陸現任廈門大學人文學院院長陳支平認為：「客家人與非客家人的中原居住地，是沒有差別的。」同時他反駁羅香林教授所說「客家人是中原血統最純正的正統漢人後裔」的說法。陳支平教授根據客家人族譜和非客家人族譜的對照，他認為：客家民系與南方各民系的主要源流來自北方，客家血統與閩、粵、贛等省的其他非客家和民族的血統並無明顯差別。故得出了這樣的結論：「客家民系是由南方各民系相互融合而形成的，他們都是中華民族一千多年來大融合的結果。」

最後是旅美的臺灣客家人江運貴先生，他提出了不一樣的見解：客家民族的祖先來自蒙古等族群的理論，是絕對可以讓人信服的。直接的說，這個理論可能有助於說明客家人誕生在華北，雖然當時「客家」一詞在華北未被使用，但至少能夠解釋在其他地方的客家人為何會被稱為「外國人」的原因，他認為：「所謂的客家人，是來自亞洲大陸北部的蒙古民族，根本就是『非中國人』。」這點也和羅香林教授的「客家人是中原的正統後裔」有很大的衝突。江運貴先生更認為客家人不只是五次遷徙而已，而是一個長期流浪的民族。

客家人的遷徙

雖然客家的起源有很多種說法，比如「客家中原說」、「客家混血說」、「非漢族說」、或「非中國人」等等，但是，沒有學者會否認他們是一群遷徙的移民。主要有以下幾次大遷徙：

第一次是兩晉南北朝時，受八王之亂、永嘉之亂的影響，北方漢民大量南遷。

第二次是在唐末五代時受安史之亂、黃巢起義及藩鎮割據等戰爭影響，南遷者遠從今河南光山、固始，安徽壽縣、阜陽等地渡江入贛，更徙至閩南；近者則從贛北或贛中遷至贛南或閩西，或粵北、粵東邊界。

第三次是兩宋受金人南下、蒙古人入主中原及元末農民起義的影響。宋末，客家人參加文天祥領導的抗元運動失敗後，為躲避元朝的追捕誅連，空前的大遷徙，形成「逢山必有客，無客不住山」的特點，使客家人具有典型山區居民的特徵。元末明初的戰亂又觸動了客家人的遷移，遷出地多為福建，遷入地則集中在嘉應各地。總之，這一時期的遷徙是在第二期基礎上，由贛南、閩西遷至粵東、粵北地區。

第四次是在明末清初時，遷徙原因一是內

部人口的膨脹，二是滿州貴族入主中原的影響。明末清初，客家人舉兵勤王失敗後，為避株連，多隱姓埋名，或逃亡各地，很多人隨鄭成功遷到台灣。事實上，明朝中葉以降，廣東逐步由歷史上的糧食輸出省變為缺糧省，而且成為中國一個糧食輸入大省，因而有「廣東地廣人稠，專仰給廣西之米」的感嘆。

在這種情況下，死守土地，繼續發展傳統農業自給自足的自然經濟已經不能解決問題；於是不少客家人想方設法另覓生計。《大埔縣誌》所記：「土田少，人競經商於吳、於越、於荊、於閩、於豫章，名稱資本多寡以爭錙銖利益，至長治甲民名為販川生者，則足迹幾遍天下矣。」可見，明清時期，廣東人多田少的矛盾亦是客家商人崛起和形成的一個不可忽視的因素。據清乾隆《鎮平縣志》所錄有關台灣的〈竹枝詞〉云：「黃昏人未掩柴關，明月剛看吐半山；弦索齊鳴檀板碎，開場先唱過台灣。」當時於清乾隆年間蕉嶺縣、梅縣等渡台墾荒的人已很普遍。台灣一些村落地名，也是用大陸移民原有籍貫或姓氏命名的。

客家飲食文化的形成與特色

飲食文化的形成不僅代表人類族群共同的生活方式、還包含過去與現在的文化傳承、物質層面與精神層面的結合等。所以客家飲食文化的形成因素，基本上離不開當地的自然地理條件、物產資源以及社會人文條件的交互影響。因此，客家的飲食文化是在特定的時空背景下，經過漫長的歷史傳承與演變而逐漸形成。

我們從歷史的軌跡來看，客家族群總在動亂之下被迫遷移，需在不利的環境條件下維持基本的生存，其實客家人每次的遷徙後，在當地墾荒築舍，明顯有長居久住的打算，族群都採以較低姿態、保守、隱忍，選擇偏遠山區生活，為的是保有族群安全發展的空間。物質生活上雖然困苦貧窮，但是勤勉、節儉、堅強的族群性格自能存續而生，甚至成為有理想與堅持的族群文化特色。

中國烹飪大師陳鋼文特別強調：「客家飲食文化根在中原」的概念；客家人從中原黃河邊遷移到南方，既吸收了南北方的飲食特色，又累積了各個歷史時期的飲食精髓，創造了自己博大精深的飲食文化；有些菜餚帶有中原烹調技法的影子，富有北方風味的菜餚特徵；有些菜餚雖然在原料選擇與運用上完全不同，但在製法上大致相同。

客家人喜歡吃素、吃野、吃粗、吃雜、吃鮮，最顯著的飲食特點就是突出主料、味厚濃香、注重養生、原汁原味。「客家飲食的形成，既傳承了中原飲食文化和南遷後產生、發展的新飲食原料和飲食習俗，又受當地土著（主要是畲族）飲食文化影響，吸收了相鄰民系（主要是廣府系和閩西、贛南系）及其他民系飲食文化的營養。」

客家菜的流派

客家菜的流派紛紜，以地域來分，有梅州流派、東江流派（惠州、河源、紫金等地）、閩西流派（長汀、龍巖）、贛南流派（贛州地區）。「客家菜是體現客家飲食文化的一系列地方菜餚的統稱。客家菜又稱『東江菜』，是構成粵菜的三大地方菜之一，指以梅州為代表的地方菜餚的統稱。」

我們探究梅州客家菜和客家飲食習俗，就會發現不論是烹調技法，諸如「搗珍」（捶丸的作法）、「酒烹」（三杯雞的作法）、魚燴（魚生）、裹襄（釀菜）、酒糟（比如，糟汁牛肱肛）之類古法的繼承和演變，以及習俗中的諸多禮

牛肱肛是牛的四個胃之一，即一般人所稱「牛百頁」，是最好吃的牛內臟。《齊民要術》卷九中，有記載牛肱炙。糟汁牛肱肛就是用酒糟泡的牛肱肛。

儀禮規，都證明了梅州客家人將古代中原文明代代相傳，根基源遠流長，印證了客家人歷經滄桑、多次變遷的歷史。

生活的動盪、環境的不斷變化，使梅州客家人在與自然鬥爭中，磨煉了頑強的生存意志和創造美好生活的奮鬥精神。梅州的客家人在保留中原傳統烹調技法上，充分利用本地資源，創造出獨具特色的客家飲食文化。客家飲食習俗中的養生保健意識尤為明顯。廣東客家菜專家陳鋼文說：「這是客家人長期遷徙過程中，吸收了沿途的烹調技法，在定居嶺南後，根據嶺南一帶的氣候條件、地理環境、物產等特徵，把中原的傳統烹調技法和沿途吸收的烹調技法，以及當地的烹調技法加以融合滲透、兼收並蓄，創造出獨具特色的客家風味菜餚。」

客家菜的特色

客家菜的特色有以下幾點：

一、**菜餚口味明快自然**：同中有異「味」是中國菜的靈魂。客家菜餚起源於閩粵贛三省交界山區，具有味型多樣化的特點。

二、**偏鹹、重油，注重熱量**：客家人居住在山區，出門即需爬山，生產條

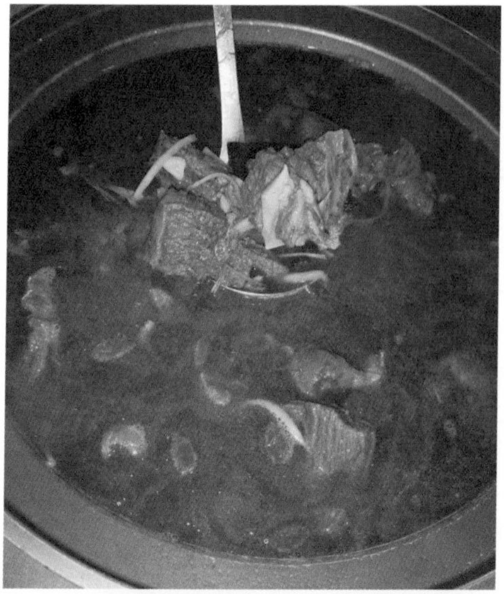

件艱苦，勞動時間長、強度大，因此需要較多脂肪和鹽分補充大量消耗的能量。同沿海地區比較而言，客家菜略偏鹹、重油。

三、**原汁原味，清香自然**：客家菜餚烹調時講究原汁原味，但並不使用過濃佐料來保持原汁原味。例如，梅州的傳統名菜「麻油雞」，烹製時只加入麻油與老薑片，燜煮片刻即可，保持麻油清香的本色本味。

四、**因地而異，味型多樣**：因客家人分布較廣，因此在不同的地方，口味會有所差別。從經濟發展水準來看，在經濟較發達的地區，菜餚的口味相對清淡，而在生活條件較為艱苦的山區，菜餚的口味較重。

五、**烹飪原料就地取材**：烹飪原料直接影響了菜餚的發展方向，以鮮嫩、自然為主。客家人大多居住在山區，可謂「無山不客」。前人祖輩靠刀耕火種生活，在大山裡的客家人靠山吃山，山區所產的山珍、河鮮、蔬菜、野果和畜禽自然就成了客家菜餚的主要原料。

六、**選料以當地土產為主**：尤其注重山珍、禽畜以及稻米、番薯等土產材料。在客家地區以種植稻穀為主，還兼種番薯和芋頭。因此在菜餚方面，其主要材料均取自農家自產的牲畜禽蛋及淡水魚等。

七、**用料以野生、家養、粗種為主**：閩粵贛客家地區絕大部分是典型的南方山區，山高林密，交通不便，加之具有亞熱帶溫暖濕潤的氣候，有利於許多動植物生長。大山裡豐富的野生動、植物為客家人提供了豐富的食物資源。這一客觀因素，構成了客家菜在取料方面崇尚山珍的特色。

八、**烹製技法獨特，刀工樸實無華**：客家人粗獷、質樸、實在、豪放的性格，也體現在烹飪技法，特色是粗刀大塊。

九、**烹調以蒸煮為主，技法奇巧**：由於客家人大多比較適應溫性和清淡的飲食，所以在食物製作上重蒸和煮，不愛煎和炸，且有許多湯類的菜。烹調方法雖然注重蒸煮，但還是有許多奇巧精妙的烹製技法。

2

美濃客家飲食文化與生活

美濃傳統農家菜是小淺山與各種水域、地理環境、種種時空背景，
經約三百年的孕育及蛻變；
保有原鄉客家基本飲食的特性外，重河產、湖產、田產、野菜，
食材菜色簡單，口味上有素、生、鮮、野、雜、快的特色。

美濃的地理文化

美濃平原位在荖濃溪之北，為屏東平原最北端；是由美濃河流貫其上的小平原。美濃也是下淡水溪以東、東港溪與新隘寮溪流域的「高屏六堆客家」社會中，地理位置最為偏北的完整客家移民聚落。

雖然美濃素有物阜民豐、地靈人傑的稱譽，但因東有茶頂山系阻隔與六龜鄉新威莊的聯繫，北方則有月光山系阻礙與杉林鄉月眉莊、崁頂莊的往來，南方又被寬闊的荖濃溪妨礙與高樹鄉東振新莊和大路關莊的守望相助，西方更是語言、風俗習慣截然不同的旗山鎮福佬族群，在交通不便的年代彷彿是「被遺忘的內陸島」。

根據萬巒鄉的文史學者鍾壬壽在《六堆客家鄉土誌》記載，清朝康熙六十年（一七二一）朱一貴與杜君英興兵反清時，居住在現今屏東縣里港鄉載興村、茄苳村與鹽埔鄉仕絨村之間的武洛莊民，曾經出動三千兩百名民兵協助政府平亂；雍正十年（一七三二）吳福生之亂時，編組為「右堆」的武洛莊民兵仍然奮勇上陣禦敵，並且兩次都獲得朝廷獎勵賞賜。但因武洛庄北方的武洛溪時常氾濫，加上阿里港、九塊厝、鹽埔的閩族漳泉移民日益增多，武洛莊民只好在乾隆元年（一七三六）至三年（一七三八）間，分批遷徙高樹、美濃等地尋找出路。

美濃原鄉是嘉應五屬的程鄉縣

美濃出身的史學家黃森松老師曾走訪一千多戶伙房、蒐集家鄉故事，耗費四年多的時間寫出長達百萬字的《美濃三百年》，在書中指出：從廣東梅州客家源流來看，美濃開基福建的來台祖，甚多來自汀州（包括長汀、寧化、清流、上杭、武平、永定七個縣），或有些開基祖自江西撫州、贛州、建昌、南豐、瑞

開基伯公：就是客家先民落腳，
第一個立石祭拜的土地公。

金、九江、寧都、豫章、石城等地，南遷福建汀州與廣東，約20%來自鎮平縣（今蕉嶺縣），35%來自梅縣，20%來自平遠縣；以上三縣，舊制屬於南北朝時代「南齊」設置的程鄉縣。雍正十一年（一七三三），與惠州府屬興寧縣、長樂縣（五華縣）併入嘉應州，合稱「嘉應五屬」。我們的來台祖先來到武洛庄停腳，大約僅有二、三十年間而已，然而，從武洛庄來到美濃庄必須經過武洛溪、埔羌崙溪、二重溪、三張廍溪、揭陽溪、頭重河、湳頭河、柚仔林溪、美濃溪等九條河。

鍾壬壽在《六堆客家鄉土誌》記載：美濃開莊第一批移民總人數「一百餘人」的論點似有錯誤，應該以一九三八年三月美濃庄役場出版的《美濃庄要覽》紀錄的二十四戶比較正確；此批移民清一色來自「廣東省嘉應州鎮平縣」所轄各鄉的移民。他們最初落腳建莊的地段，是在美濃河北岸、羌仔寮河南岸與東岸的東門里（含原上安里）和泰安里等大部分區域，最早的地名是「永安莊」。

美濃先祖在入墾以前，瀰濃平原為原住民游獵的地區，亦為清廷列為番地的禁區；客族獲得入墾准許後，首先在靈山腳下設立開基伯公；作為暫放耕具與休憩的場所，也同時作為面對開荒危險性的心靈寄託。

在開墾漸具規模，與原住民的關係也漸趨穩定後，才選定美濃溪三夾水處沿

瀰濃里
福德正神

溪落腳二十四座伙房，成為美濃開庄之始；方圓一百二十平方公里的土地上，最早是由原籍廣東省嘉應州鎮平縣（今蕉嶺縣）的林豐山與林桂山兄弟、鍾國揚、劉衡玉、涂伯清三兄弟、李九禮等人，率眾分別移墾永安莊、廣興莊、龍肚莊、中壇莊。後來才有來自程鄉縣（今名梅縣）和平遠縣、大埔縣的第二批移民，移墾羌子寮河尾端以西的永平莊（永平里和瀰濃里）和金瓜寮莊等地。

日本殖民政府進駐瀰濃平原以後，發現荖濃溪河水豐沛，而瀰濃平原南端的河床沖積地廣大，有開墾的價值；因此於一九〇八年，三五公司社長愛久澤直哉及管理員白石喜代治，以「南隆農場」名義申請墾殖這片廣大原野之地，臺灣總督府為配合獅子頭圳水利工程的建造，同時也修築龜山堤防；獅子頭圳水利工程一九一〇年完成，龜山堤防亦於同年完成了一千二百六十公尺。南隆農場土地的開發，最主要的關鍵是竹子門發電廠的興建，以及發電的餘水興築了獅子頭水圳，灌溉了四千甲的土地。這些一百多年前從美濃老庄、桃竹苗、高樹、里港、旗山、田寮等地遷入三五公司的南隆農場的移民，是第三批移民了。「官有獅子頭公共埤圳」和「龜山堤防」這兩項新建水利工程，使南隆農場一年一穫提升為一年兩穫，更成為旗山郡下產量最大的稻米生產地，此時所謂現代的「美濃」，已形成莊了。

早期美濃飲食文化及特色

在中國人看來，飲食乃是一種直接從生命體驗角度享受對象、接納對象的過程，它既是對生命歡樂的領受，更是情感的交流、心靈的寄託。尤其是在涉及民眾生活的人生禮儀、傳統節慶和人際交往的宴飲活動時，其體現的民族心理和文化價值如對天人合一的追求、對和諧圓滿的嚮往、趨吉避凶的祈福心態、其樂融融的倫理情趣、五味調和的審美心理都熔鑄在各種各樣的飲食儀式中，雖歷盡歲月滄桑，至今卻仍以頑強的生命力普遍存在著。

殘山剩水，粗貨過日

台灣客家人的耕種文化，與原鄉的飲食習慣有關。在閩西客家地區的〈長篇雜字謠〉裡，對於種植農作物的描述有「田頭地尾雜種好，薯蕾芋栗及黃麻，春間日日去耕作。」由歌謠可知，閩西客家地區耕種雜糧作物的習性，與客家人遷徙來台時的飲食習慣，可謂不謀而合。簡單來說，先人渡台初期，美濃人的生活模式與飲食習慣的建立，都是藉由遷徙過程，將原鄉所熟悉「靠山吃山」的文化，輸入美濃新故鄉。尤其是開墾之初，種植稻米的條件，在惡劣匱乏的大環境裡，緩不濟急，必須依靠大量易於生長繁殖的番薯，才能立竿見影達到療饑活命的需求。自然而然，耐寒抗旱的番薯，便成為客家人山居的主要糧食。

美濃原鄉祖先因為無糧飢荒而強渡黑水溝來台，前清秀才劉炳文記載：「惟瀰濃之開闢，自阿里港武洛駐所之地，來墾於瀰濃界上，開庄福壇，至今猶在，當時披荊斬棘，鋤雨犁雲，為懼番害，故一時未敢住家，日夕往還。」美濃先民

最後落腳到瀰濃，卻也沒想到，來到此地竟是「瀰濃庄開基碑文」所指的「將斧劈遐荒，鏟除蔓莖，承先德澤，就『殘山剩水』為宗社，頤山川幽魂，勿作荒郊之鬼」。

從小常聽到我叔公太邱欽盛及外祖父古阿珍、祖父邱天寶他們說：「頭擺人開庄時，愛開田搬地、開埤築圳，愛驚番、走番又愛揹包袱。」他們也會唸唱聽了讓人心頭酸的山歌，歌詞是這樣：「耕田人家實在窮，刀嫲挽起米篁空；屋下老鼠鬧搬家，灶頭腳下睡貓公。」、「菜瓜打花滿山黃，耕田人家真淒涼；朝晨食碗番薯粥，暗晡食個番薯湯。」、「講到貧寒緊傷心，番薯落土半尺深；無油無臘過三餐，番薯攞鹽愛三斤。」

記得在〈渡台悲歌〉中有一段：「一碗飯無百粒米，一共番薯大大圈。三餐番薯九隔一，飯碗猶如石窖山。台灣番薯食一月，多過唐山食一年。」

來台到殘山剩水的美濃，一則要「披荊斬棘，鋤雨犁雲，斧劈遐荒，鏟除蔓徑」；二則有「黨徒嘯集，將搶掠鄰境，肆其凶殘」，為懼番害，終年必須挑戰險惡與匱乏的環境和面臨三餐不濟的窘況，這些惡劣的條件，可能比起原鄉的生活有過之而不及。在原鄉裡或許仍有米飯可食，此處卻是「一碗飯無百粒米」，米飯宛如奢侈品般的可貴。山居生活要溫飽，必須仰賴耐旱、易繁殖的番薯當主粗貨半年糧：客家人說的粗貨是指番薯或芋頭。這句話的意思是，早期稻穀不足，半年以上都吃番薯或芋頭。

有妹莫嫁竹頭背，毋係改番薯就係斬豬菜：「竹頭背」是地方名。這句諺語的意思是，早年旱地多，百姓多吃番薯，日子很苦，女孩都不願嫁到竹頭背。

有做無食：是指美濃婦女個性勤儉吃苦，只能默默做事務農，不談吃的問題，也常常沒得吃好食物。

糧，才足以維繫生存。農民諺語「粗貨半年糧」中，所指的粗貨就是番薯。在荒山野林裡，番薯是農家必備的主食。「有妹莫嫁竹頭背，毋係改番薯就係斬豬菜」，這句諺語讓美濃姑娘心存畏懼。

美濃人平日忙於開墾耕種，勤奮勞動，對於飲食的需求，只求溫飽，不敢奢求充足豐美。平時對於番薯的處理，以煮熟或生食即可，只求能充饑裹腹。美濃媽媽常常說：「有做無食」的口頭語，我一直到長大成人方能理解。日本統治以後，雖然日本蓬萊米研究成功，百姓依然以吃番薯為主。美濃人堅毅面對困苦環境中求生存的命運，致使美濃人生活的態度，呈現出其堅毅的獨特性。

美濃大冬禾看天食飯

台灣早期水利不發達，大部分都是種埔占稻（在來米），也就是早稻；有人稱為晚稻，美濃人稱之為看天吃飯的「大冬禾」。埔占稻完全是看到天氣要下雨之時，才能耕田插秧，所以此種農田叫「看天田」。

占城稻是出產於中南半島的高產、早熟、耐旱的稻種，宋朝時引入中國，並迅速在江南地區推廣。占城稻以原產地，也就是位於現今越南中南部的「占城」

為名。占城稻又稱早禾，或占禾，屬於早秈稻。占城稻有耐旱、適應性強、不擇地而生等特點；且生長期短，自耕種至收割，僅五十餘日。

客家人飲食文化的特殊性表現在他們具體而微的民俗細節與風土人情中，這並不是每個地方都一樣的。通過飲食習俗去探討每個地方飲食文化的共性與個性，從而把握中國飲食文化與地方性文化之間的相互關係，顯然是一條重要途徑。從嚴格意義上來說，穀類食物是人類的主食，這種傳統飲食結構，當然也影響著客家人的飲食生活。

《今日美濃》的創辦人黃森松先生說：「十八、十九世紀的美濃人三餐是由晚稻決定。」在獅子頭大圳完工通水以前，美濃轄區能夠種植早尖稻的土地應該不多。可能只有美濃溪與月光山之間築有中圳以供灌溉，發展成年可耕作兩季的雙冬水田。在吳田泉的《台灣農業史》一書中也提到：「一七五二年左右，

民國52年，孔邁隆先生所拍攝。

在下淡水溪流域一帶，港東、港西二地，栽培成功一種稱為『雙冬』的早稻新品種；此種早稻後來推廣至各地，不但使台灣的水田農業由年僅有一期的稻作改變為二期作，更成為接濟福建漳、泉二府青黃不接的重要食米來源。」

因此，雙冬禾也許是一種適應台灣南部冬季至春季氣候的品種，但它也許只是因為有了水源的灌溉而得以種植的另一期稻作的稱呼。

至於龍肚大份田（龍肚圳）、九芎林食水圳、竹頭背大埤頭和羌仔寮等地可種植早尖稻，但是米糧供應不大，還是依賴老媽媽所說：「毋落大雨毋響雷公，就毋出門犁田蒔秧」的晚稻（大冬禾）豐收。

美濃早時種植埔占稻的耕作方法，有「穴播法」和「撒播法」兩種。住在美濃山下的楊新興家中，曾經在自家的旱田，用穴播法種晚稻。住在竹頭背已八十四歲的吳壽德先生說：「種植埔占用撒播法，在等待下雨的日子不好過，農田成長期稻禾株間，會因無水乾燥而困難鋤草，往往要用鋤頭去鋤草，以保護稻禾的成長。」

美濃出身的文史作家張二文在〈美濃南隆農場的開發與輔天五穀宮之研究〉一文指出：「美濃的水稻栽種培株面積在一九四〇年時已耕種約七千公頃，一九七六年最高時達七千九百二十四公頃之譜。而傳統耕作的動力為水牛，

美濃人早期蒸面帕粄時，每一塊折疊後，要披掛在竹竿上，非常像面帕（客語「毛巾」），所以稱之為「面帕粄」。「粄條」之名是近二十年之事。

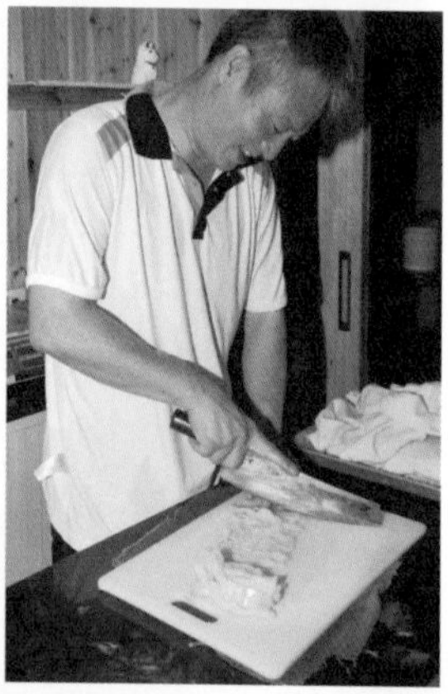

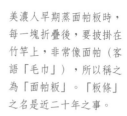

「吊、打、紮」是美濃人捕獵用的專有名詞。「吊」是用繩索做成陷阱的捕獸器。「打」是打獵之意。「紮」是鳥踏仔，專門捕捉鳥類的工具。

一九五〇年代時，美濃水牛總數高達二千九百九十八頭；然而，在一九四〇年時之稻穀，乃停留於在來米種植較多，甚至於還很多旱田及沙埔依然種植番薯、花生、芝麻等雜作。在來稻穀每分地之收成，一直只有二百五十斤至四百之間。」

所以美濃早期先民的生活習慣多吃粗糧（番薯及芋頭），煮飯要摻合乾番薯籤。住在美濃山下，今年八十四歲的劉生金說：早年耕田在來米的品種是青棵三（十月割）或黃棵三（十一月收割）。

有一天，我請教美濃的稻米博士林富雄先生，問：「五、六十年前，美濃市場做面帕粄的在來米品種是何品種？」他明確地表示：「是青棵三。」

吊、打、紮，靠山吃野味

客家學者房學嘉教授曾經指出：「客家飲食深受原地的土著百越文化之影響。與平原地區相比，山區的野味資源豐富一些，山民也喜歡吃野味。客家人對於『野味』的闡述泛指新鮮、無污染、有營養的野菜、野果、野豬、山羊、山羌、竹雞等動植物。」

早期美濃人因為居住於山林，生活困苦，因而發展出很多捕捉蟲魚走獸的

「粄」是客家點心的文化符號，客家先民在食品原料匱乏的歷史條件下，發揮智慧創作的美食成果。北方人喜食麵粉做的春餅（卷）或麵條、餃子等，遷到南方，麵粉難覓，為了懷念祖先及家鄉習俗，便改用米漿做起各種粄來。

現在「粄」的文化內涵與精神意義已快要消失，美濃街上的粄食店家有許多已不是用米漿了。我花了很長時間，終於找到一家堅持了十七年的木瓜粄店。老闆娘王秀慧表示她做的木瓜粄，都是自己磨米漿、蒸炊的，是貨真價實的「粄」。

早年美濃地區廣種在來米時，每逢農曆六月一日或立秋之日，阿嬤或媽媽們會蒸「碗仔粄」給家人吃。美濃的泰安橋邊，有一家祖傳三代烹蒸的「碗仔粄」，陳貴招與林宇棟母子倆堅持了六十年。阿招姐說她的公公以前種在來米，自己收割曬穀，做粄給大家吃。現在她心中常常嘀咕著買的米跟以前不一樣，口感及米香跟早期都不同。雖然她有察覺老味道已逐漸流失，依然期待兒子能獨立經營，將這六十年的碗仔粄，繼續在美濃飄香下去。然而我一直期待屬於美濃記憶的老味道可以尋回來。

技巧；並懂得利用大自然的資源，以及野外求生的技巧，顯現出客家人堅忍的適應力與求生技術的智慧。基本上，美濃人與所謂逃難中客家人的飲食習慣是一致的，適應性很強，有什麼就吃什麼。在美濃淺山之中，要捕獲好野味，「吊、打、紮」的功夫是美濃男人必須學習製作的課程。除了家禽、家畜之外，山上野生的各式各樣大小動物、天上飛的鳥類，都可以變成加菜的食材。由此顯現出美濃客家人靠山吃野味的飲食方式。

美濃雖然是淺山類型，早期老一輩的先民農耕閒暇後，尋找補給肉類營養和食材唯一途徑就是捕魚打獵。美濃老一輩人的「吃野味」，與原鄉客家人飲食文化中「吃野」的習慣是相同的。下面是我訪談到美濃人早期吃野味的幾個事例：

早期打獵者多居住廣林、竹頭背、美濃山下居多；如，劉榮英、劉丁友、劉連喜、溫清龍、溫金水、溫桂林、黃錦來，鍾振發、鍾炳春，黃友德、黃友來兄弟等；他們都打獵，所以家中飼養多隻獵狗，也因醃肉需要，會準備許多盎缸。宰殺山中野味的獵人，喜歡大鍋炆燜頭及四肢、骨頭等，鮮肉用鹹菜煮湯或清炒食用。

劉生金與葉順興說：他們的父執輩，因為要儲存食材的關係，喜歡鹽醃曬乾成臘肉；其肉必須先讓其自然腐壞後才醃製，名叫「塔山」，有特殊味道。他們

270-ETR

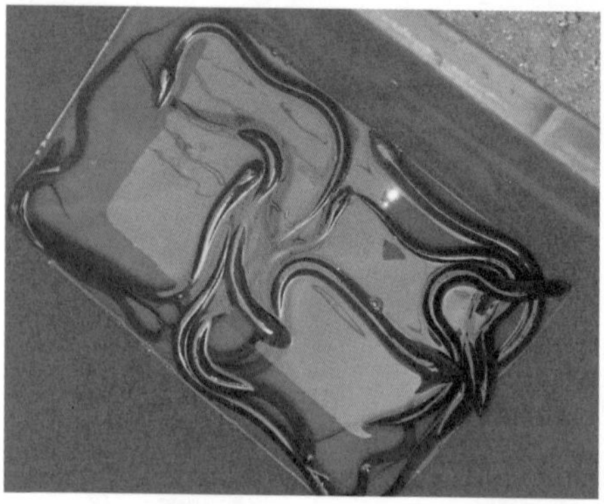

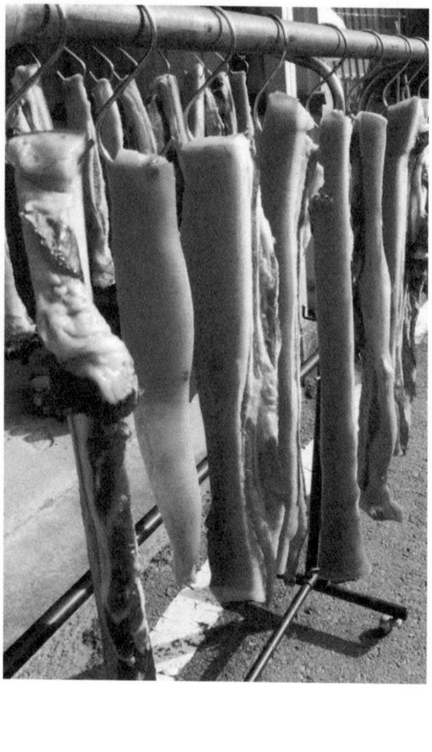

最愛羌肉乾、鹿肉乾。兩百多年來，「薑絲鹿肉乾」一直是美濃高級佳餚。

住在美濃人字石山下的李基祥前輩，我跟他閒聊美濃野味時，他說：他們家中一年到頭都有羌肉可吃。劉生金也說：他母親很會醃製羌肉乾及羌膽肝。羌肉、鹿肉都不是新鮮醃製，要等到有點發臭才醃製。

美濃耆老劉雲麟、鍾華振、吳和禎、廖鴻章等指出：農民捕捉鳥類，如麻雀、班鳩、白頭公等，他們都習慣剁碎做成「肉丸」，料理以乾煎較多。他們都說：最好吃的「鵯丸」是白頭公丸。

一九六九年起，傅南輝與邱祥古捕捉麻雀（紅嘴黑鵯）已變成職業化，「糖醋麻雀」已公然出現在珍好味餐廳及結婚喜宴的菜單上了。

到了一九七一年末到一九七二年初，美濃溪的鯉魚、鯽魚、溪哥與溪蝦，已變成每家餐廳好佳餚的食材。

美濃老鎮長鍾啟元先生已高齡九十七歲，他很會料理鼬獾（田螺狗）及老鼠。他與年長他一歲的李基祥均身體健朗長命，或許與喜愛野味有關。美濃早期有些人是擁有獵槍的，邱永慶是其中一位，他的兒子邱雙明回憶說：他父親這一班打獵的成員很多，平均兩天就上山打獵。由於打獵技術高超，一九六七到一九六八年間，他父親曾經陪伴何應慶將軍及美國顧問團人員，乘坐停留在美濃中學的直升機，帶他們到恆春墾丁打獵。每每他們打獵帶回的獵物，常置放到讓牠們生蟲才醃製，大家都說此味道最好。

五、六十年前，大冬禾田中的蛤蟆很多，都是外地專業性的閩南人來釣。柚子林的張添旺已八十六歲，他從年輕時就以釣蛤蟆維生，自己享受美味的機會很少，都買賣給福佬人或酒家。電魚老師傅李發明指出：旗山地區的福佬人會來收買他們所電到的鰻、鱔魚、甲魚或蛤蟆。

添菜傍

現在台灣的物質生活都很富裕，尤其在飲食的樣式與種類上除了不虞匱乏，更講究精緻與環保；但講到飲食的文化歷史，還是得提到這段「添菜傍」的實例。當然，現在的客家或美濃人都已沒有吃這些了。

《禮記．王制》有云：「諸侯無故不殺牛，大夫無故不殺羊，士無故不殺犬豕，庶人無故不食珍。」指的是祭祀。祭祀時的飲食要比平常高一級。由此可知，只有在祭祀的情況下，諸侯才能殺牛，大夫才能殺羊，貴族最低階的士才能殺狗和豬，而平民才能吃到肉。然而，牛是重要的農耕用具，因此唐、宋、明、

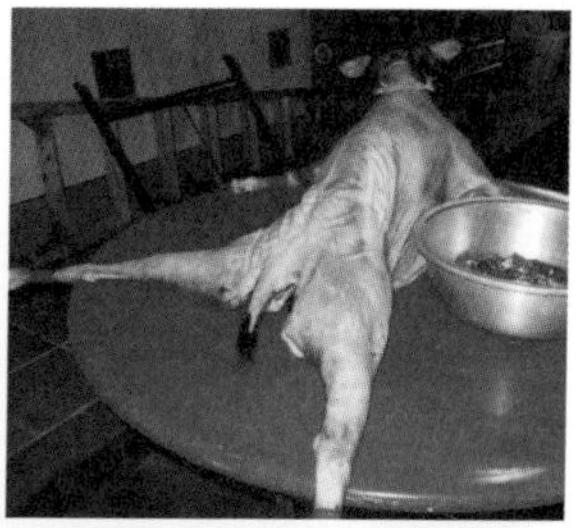

清等王朝都曾經下令禁止隨意宰殺耕牛；但是私宰偷吃的百姓仍然存在。

美濃早期農業社會，山中有野牛，耕牛又很多，專業殺牛的人很少，但是吃過牛肉的人卻很多。像是我母親的伯公古玉喜、祖父古玉榮是以宰牛為業、製作牛皮，所以他們的伙房處被人稱「牛皮寮下」。我母親說：她的堂叔父古彩華結婚時，「閒餐」就殺了一頭牛、兩頭豬，宴請來幫忙的四門六親。

中壇里長張貴琦也說，他父親張開英為了弟弟張貴昌結婚，而殺了一頭牛牯仔，於閒餐時做菜吃。

我們家伙房內，阿田叔公、興二叔公們有殺狗、吃狗肉的習慣，加上來當長工的廣東老鄉，真是愛狗肉如命一般；殺狗打鬥敘是伙房凝聚情感的好機會。殺狗之時，他們用稻草先燒後殺，處理完再和中藥材一起燜燒，香味漫延整個伙房，讓人垂涎三尺。奇怪的是，他們都喜歡搶吃狗肝。以前吃狗肉的人很多，狗肉生意很好經營。在美濃做狗肉生意的人，家中大有缸（大水缸）常有醃製的羌肉或狗肉。在中醫上，認為狗肉有溫補腎陽的作用，對於腎陽虛、患陽萎和早洩的病人有療效。

早期美濃近山藏有很多種類的蛇，住在山腳下的人，抓蛇、吃蛇肉是極為平常的事，也有許多抓蛇、殺蛇及做蛇酒的專家。像我的同學劉芹懋，他不單單在美濃本山抓蛇捕獸，還到台灣全省的大山捕捉蛇或虎頭蜂及其他野味；他所浸漬的蛇酒，聲名遠播，全省各地及國外都有人前來跟他購買。他還專研蛇藥，免費救治眾人；因此美濃人稱他是「山精」。他和住在美濃山腳下、今年九十八歲的耆老李基祥都表示，如果在野外抓到蛇，先要斬其頭部，剝皮破肚洗淨而火烤，味道芳香，肉質鮮美。

「絡噻」是客家話，到處尋找食物之意。「絡噻宕人工，無絡肚又空」是指為了生存，到處去找或捕捉山、河、田產的食物，卻荒廢了耕田農務；但是不去尋覓食物，家裡沒東西可吃，全家就會餓肚子。

絡噻宕人工，無絡肚又空

美濃中圳埤位於瀰濃莊東北側，是羌仔寮溪與大坑溪流到瀰濃莊與竹頭角莊交會之處，有一較低窪之地，名「大坑」，是附近山水匯集之處。一八二八年，天降大雨，造成山洪爆發，羌仔寮一帶水量大增，到處滿溢，儼然形成一個大湖泊。大家合作集資在下游築堤防，貯水作為灌溉埤塘，稱「中圳埤」。由此開鑿渠道取名「中圳」；灌溉瀰濃莊至美濃山之間一百三十餘甲田地。

在墾拓初期，先民沿著美濃河及其他河岸往上游開墾，開埤築圳是美濃先民建立家園基業，安家落厝的首要工作。中圳埤頭及其他埤塘不單提供了永安莊、龍肚莊、竹頭背莊等百姓飲食、灌溉、洗用的水源，也提供了湖、河產魚蝦等的食材。

美濃全莊早期雖然米糧不足，每一聚落有豐沛的水域、水源，在立秋至處暑、中秋之間，每逢豪雨時，所有傍水轉角之處或圳、溪、深潭，常常會出現上水（河水或湖水高漲溢出，淹過了田地）的情形，形成田連水圳、田連埤塘的情況。尤其是中圳埤頭的魚群會因水災溢水、埤塘滿水，而逆水上游或游入大坑溪、羌仔寮溪、橫溝、美濃大湖淺灘區及田中覓食、棲息，各聚落莊民們會有一

段時間不約而同地拿出魚網、魚罩、魚撈、雞弇、蝦公笱、黃鱔笱等可以捕捉魚蝦的工具，相約絡嘖。湖、河產的魚類有草魚、石堅魚、鰱、鯉、鯽、鯰、鰻、鱔、鱉，或各種小魚類與河蝦等，甚至海水中的黑鯛、豆子魚、粗麟魚，都會因美濃淹水災，游進美濃溪三洽水、橫溝處。

根據美濃釣魚耆老吳寧德老師表示：美濃環境特殊，早期美濃溪魚類特多，在美濃溪覓食魚蝦，釣白哥仔最厲害的高手皆出於柚子林莊，中壇地區釣白哥仔名人是劉富春，美濃珍好味餐廳的名菜「炸白哥」，長期所用的食材都是由劉富春提供販售的白哥魚。

罾魚（以網捕魚）也好，網魚也好，釣白哥仔也罷，這些景像意味著，它是美濃天然豐富食材的餽贈，美濃溪三洽水與橫溝處，總是美濃祖父輩及地方耆老絡嘖所懷念的軼事。

約六十年前，河溪淺灘處每逢白露時節，橫溝附近的居民會同心合力在河溪間，利用石頭、竹林、香蕉株及地形、河水流動力，製造竹笪（曬米粉專用的竹架子）、竹圍，建立捕魚的魚梁（順水勢設立障孔以捕魚的裝置）來捕捉河中鰱魚；大人小孩會站在河岸上，看鰱魚逆水飛躍而掉入魚梁中。今年八十歲的吳銘雄也回憶說：約七十年前，他在竹頭背的美竹橋邊，看到過許多人拿著棍子橫打美濃傳統市場，楊子賢小弟弟穿著一套合身職業性的工作服。楊家自民國26年起，已有三代是販賣鮮魚的生意，楊字賢的祖母劉滿招是劉富華最小女兒。楊字賢的伯父是名廚之外，阿嬤的娘家哥哥已有三代多人當廚師的。楊子賢的出現，符合古言「江湖出少年」了。

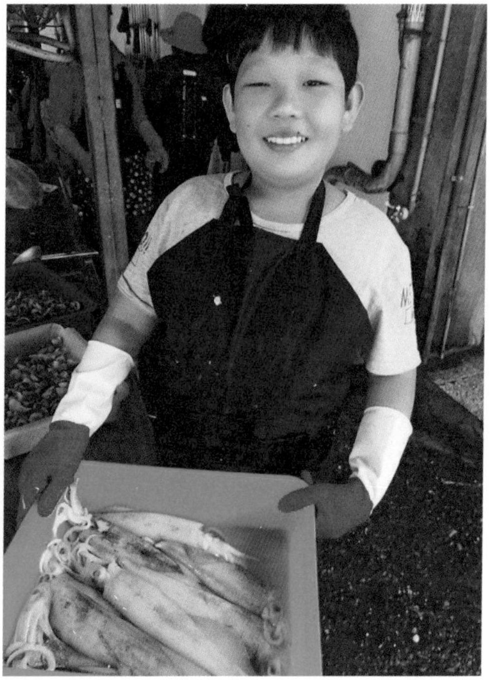

逆水飛跳的鰱魚，被打中的鰱魚會掉到岸邊，可以撿回去做各種料理。

當時鰱魚是美濃過年過節與祭祀習俗中，最貴重及流行的伴手禮與供品。大家都會參與這些捕魚、打魚的活動，來捕捉魚蝦添菜。家家戶戶都會用盎缸（腹大口小的瓦缸）做醃魚、魚醢（魚醬）、鯽魚竹筍醢，烤乾魚蝦或曬鹹魚乾，把大豐收的魚貨處理儲藏起來。

美濃山下八十四歲的劉生金先生回憶說：他母親曾經於埤頭下放水後，撿了很多鯉魚來醃製；醃製後把魚放入中型盎缸內，用樵灰和水封口，放置六個月之後，再取出乾煎，味道特別鮮香。張騰芳大哥常懷念此味道，至今每想到此味道，自然會想起母親的手藝。

住在竹頭背的楊傳華，八十二歲的他則回憶：他父親於羌仔寮溪的刺竹叢深潭邊常發現成群聚集的鱧魚，他父親會拿利鏃（箭）來投擲，家中常吃鱧魚剮生。

光復後，由於中圳埤頭魚貨盛產，湖光山色環境迷人，鍾井華與邱金文兩位前輩，前後經營了「鳳凰酒家」，剮魚生、遲鱧剮生、魚頭湯、紅燒鯉魚、鯽魚糟酒、五柳枝等名菜佳餚，都一一呈現在酒家餐桌上。

日治皇民化的美濃人生活

許多年來，我一直不停地訪談美濃人在日治皇民化的生活情況，我發覺到：在日本統治期間，美濃人的米糧及其他物資都非常缺乏，田丘種草、雜作生成不好，無田地的貧窮人家常有「三餐不繼，食生番薯配鹽」、「一小塊肥豬肉當豬油用」、「一小杓豬油炒三樣青菜而不洗鍋」、「上山砍樵要偷人家的臭風蘿蔔配飯糰」、「隔壁的叔婆常把病死雞、鴨及豬仔、母豬宰殺處理給家人吃」。

在日本人以強制手段徵收稻米的期間，美濃人常想方設法留藏一些米；我母親說：「我們把米藏在大刺竹筒內，放在豬欄棚乘上（豬舍的上層架子，一般是堆放清理豬屎的鏟子及掃把）。」黃運郎老師說他們把米藏在稈棚內、吳和禎講他父親建造兩層牆壁，把米藏在內層牆壁中、吳壽德說他們家把米藏在倉庫的礱糠（客語稻殼的意思）裡面。

順時而生的生存之道

美濃人久居山間，刻苦勤儉，蔬菜是他們普通的農作物，百姓因地制宜，就地取材，不用魚肉相配，單是蔬菜就可以醃製或烹煮出味道鮮美、豐富多彩的家常菜。

美濃婦女遵循代代相傳的農務耕作習慣，或依照時令農諺，如「正月韭，二月薑」、「清明前，好蒔田；清明後，好種豆」、「濕麻燥豆」、「七月禾打扮，八月禾變飯」、濕麻燥豆：是指種麻，土地要有濕潤度；種豆，土地要乾燥。
七月禾打扮，八月禾變飯：意思是說，早稻到了農曆七月才在成長中，要到八月才能成熟收割變成飯。
堵著白露，蛤蟆上路：是說到了白露的節氣，青蛙都會上路遷徙了。
霜降降齊禾，霜降好種豆。來搭架起棚，來落秧掂仁：霜降節氣時，稻穀就成熟了，將準備收割。同時也是種豆的好時期。農民們就會在田頭田尾種下各種冬作豆、瓜仁子或秧苗，搭起棚架讓它們攀爬。

「堵著白露，蛤蟆上路」、「霜降降齊禾」、「霜降好種豆」，「來搭架起棚，來落秧掂仁」。

若曾仔細觀察美濃任何人家伙房的後院，或農家的前庭後院、園子前後，他們一定有種竹林、芒果、龍眼、香蕉、甘蔗、破布子、樹豆、葛鬱根、檳榔樹、黃荊木（布荊，準備燒灰作鹼用），或幾行鳳梨，還有木蘭花、含笑花、樹蘭花、桂花等香花樹。到了三、四月間會搭起棚架，依時令種植絲瓜、苦瓜、瓠瓜或長豆；十月時節，番茄、虎豆、皇帝豆等也不曾缺席。

寒露後，秋冬裡，更是美濃媽媽大展身手的時機，溝脣圳邊、田頭田角的空地都能耕作。在她們小小的菜園裡，可以看到辣椒、青椒、白菜、花椰菜、結頭菜、芹菜、本島萵苣（A菜）、油菜、油麥菜（苦菜）、大黃瓜、冬瓜、菜心、茄子、大茴香、蔥、蒜、番茄、香菜、玉米、茼蒿、勺菜、莧菜、地瓜葉、鹹菜（芥菜）、蘿蔔、高麗菜，還有幾株七層塔（九層塔），幾行番豆（花生）。

沙埔中還有留兩分地種番薯、樹薯，及黑豆和黃豆，要做「豆酺」、「豆豉」及「豆醬（黃豆蔭醬）」。所以美濃有「耕田又耕埔，耕到兩頭烏」的俗諺，一直傳誦至今；這句話的意思是說，美濃人要耕作水田，又要耕種沙地旱田，一早天色未亮就要出門耕作，直到天黑。

交工：是指伙房與鄰居農民，於農忙時互相支援人力，不算工錢的習俗。

客家人長期遷徙顛沛的苦日子，也讓美濃人一直生活在恐懼匱乏、憂患貧困的日子裡，美濃媽媽們只要發現僅有二尺四方的土地，或一點點的水源，她們便立即耘土種菜了；所收成的蔬果，除了可以自給自足外，又可贈送親友鄰居，親戚感情、宗親族誼和睦融洽。

美濃人這種互相贈送蔬果的美德或特性，一直延續而傳承著。它是美濃特定交工、互惠的飲食習俗，兩、三百年來，已被美濃人納入飲食文化體系之中，同時也被賦予美濃飲食文化所具有的一般意義和功能，成為其對內傳承傳統、凝聚伙房與宗族、鄰居成員，對外設定邊界的象徵性符號。

以前美濃人稱長豆或菜豆為「八月角」，是美濃農村長年生長的菜；五月與八月是成熟期。美濃的老媽媽說，當所有菜類不長不生之際，「嫩豆葉」是救急與應急的菜餚，是盛夏及歇秋的特殊青菜。

美濃客家菜就是「美濃傳統農家菜」

歷史學家逯耀東說：「飲食文化是一個由時間和空間交錯的整體。由於時間和空間的變遷，呈現出不同的意義。」這意味著研究飲食文化的發展，必須將時間與空間結合，才能對飲食文化的變遷與調和現象有清晰的瞭解。

美濃人的老祖先從唐山遷徙至台灣後，依山傍水、近河靠圳，以姓氏、宗族為單位，自然形成聚落。美濃地區的客家人，自一七三六

年遷入開墾美濃至今，已經近三百年的歷史。由於客家人多遷徙的特性，造就極強的適應力，且遷徙一次就會跟當地環境融合一次。美濃客家菜餚的文化也因其他飲食的影響，而跟著不斷地改變。日據時代以及國民政府來台後社會經濟方面的變動，也間接影響了客家人的傳統飲食文化。基於種種因素，美濃地區客家菜餚文化的形成與發展也別具獨特性，亦即所謂的地域性。美濃飲食習俗的橫向特徵，是指飲食習俗在地域環境、自然特徵中形成、顯示，自然與北部客家人的飲食內涵會有所不同。

客家菜又名「東江菜」，「美濃客家菜」與上述東江菜的特色及特性，大體上類似，現在所謂的美濃客家菜應該被稱為「美濃傳統農家菜」較為貼切、恰當，因為它並無東江環境

「打門敘」是客語，一夥人常聚集在一起吃吃喝喝。

與文化的相互交流和影響，美濃傳統農家菜是小淺山與各種水域、地理環境、種種時空背景，經約三百年的孕育及蛻變，而有著美濃獨特性的傳統農家菜系。

與其他客家菜的差異

美濃傳統農家菜保有原鄉客家基本飲食的特性外，重河產、湖產、田產、野菜，食材菜色簡單，口味上有素、生、鮮、野、雜、快的特色。

早期餐飲業不發達，農民沒有外出用餐的習慣，加上山珍、湖產、河產、田產、蔬果、野菜的食材豐富，也不必出外採買；所以美濃人家有「閒時莫門敘，年節莫孤栖」的堅持；美濃婦女更有「論做莫論食」（是指美濃婦女，刻苦勤勞，平時閒談間，只談農務不談吃食問題。）、「有做無食」（美濃媽媽一生做人媳婦或媽媽，只顧做事操持家庭，常常無法享受好吃美食之意思。）的勤儉艱苦美德；所以現在美濃農家菜餚料理，許多樣美食均藏於民間，在餐飲界的許多名菜皆是美濃農家常民菜餚。

因為地理環境絕佳，美濃傳統農家菜沒有北部客家「四炆四炒」菜餚的說法及限制，炆就是以慢火將食材烹熟；但是對於祭祀用的牲禮，如豬頭熟肉、豬肉

及閹雞、各種糕粄等所有食材供品，都會物盡其用，也就是「人神共享」的飲食型態。

祭祀共食的飲食文化

美濃飲食文化的內涵與信仰、民俗節慶息息相關，飲食精神崇尚自然、物盡其用、就地取材。清朝時代，美濃民間組織的發達，象徵著集會成員的互動，「祭祀共食」的機會產生，美濃傳統農家菜餚、飲食習俗及菜餚的傳襲，均會於祭祀中呈現出來。早期美濃人的「嘗會」、「神明會」、「伯公會」、「完福」、「打醮」等祭祀活動，注重沿襲古代祭祀飲食，並保留原鄉農村的原形風味。

美濃人透過飲食將禮俗、節慶、祭祀、信仰等文化儀式，與日常生活貫穿在一起，是一

種社會約束，是一套共同使用的語言，是一條紐帶。美濃人在這些活動中，由儀式所帶來的共同敬畏和希望，通過人們共同的關注，將共同體中的不同個人緊密地聯繫在一起，從而形成美濃社會倫理控制的巨大力量。

美濃所有的重大祭祀活動，包括吉事與喪事的祭禮，都用「三獻禮」行之；也就是古代官方所舉行的三獻禮。簡而言之，是選主祭者數位向神明行三跪九叩之禮，並配以八音者的儀式，準備剛鬣（全豬）柔毛的豬首牲醴、庶饈、果品、香楮、清酌之儀。而三獻的牲禮，象徵著進爵進祿之意；讀疏文及祝文，化財帛、燒金紙等，表示上申傳達尊崇敬意的祭祀儀禮。特別是美濃人的「三獻禮」，多用於敬神、喪禮，以表示虔誠隆重，早期喪禮一事最為複雜而明顯。

祭祀活動後，美濃人會善用肉質極佳的美濃豬，把豬油、豬油渣、豬磨兜肉（豬頸肉）及豬頭，變出白切豬頭皮、芽絲肉、牙齦肉、嘴邊肉、白切豬利（豬舌）、藥膳豬腦、麻油豬腦、豆豉油渣、子薑油渣……等等多種農家美食，分享給家人或親朋好友。

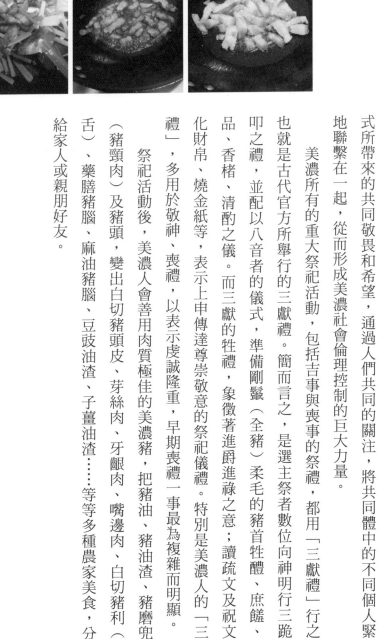

美濃客家菜烹煮與食的智慧

美濃的先祖們因生活條件困窮及物質匱乏，他們自然創造出許多特殊的烹煮方法，如一菜多吃、一煮多吃、剩菜利用、一物多煮等。客家媽媽們勤儉持家，就像慧心巧手的菩薩，會利用樹豆、竹筍、花生煲湯；用豬頭骨、豬頭皮、豬腳變出湯與肉分別的吃法。

每年蘿蔔、鹹菜、白菜、油菜盛產之際，客家媽媽們會習慣性多灑種子，在幼苗成長期，利用疏株檢苗法，把幼嫩的菜苗拔回來先嘗鮮。最令人難忘的是用封肉閹雞湯汁加鹹菜、筍乾、木耳、花生、鳳梨、芹菜、蒜苗等烹煮的「雜菜」了。

齋戒菜與鹽生菜

美濃農家菜的「素」與「生」，常表現於農民吃「太陽齋」（早齋）；美濃媽媽們修佛行善，都先學習每天早上與初一、十五吃太陽齋，舉凡祭祀活動前一至三天，就會自動齋戒；每回有建醮大活動的七至十天內，所有居民要茹素吃齋，遵循祭典的大事，所以美濃地區以天然食材做的素食料理也特別多，像是花生豆腐、錢筒菜、菜丸、豆萁（豆皮）、薑汁青菜和鹽生菜。

美濃鹽生菜，是指不經過火及煮的菜餚，也就是生涼拌菜，如豆腐、鳳梨、蘿蔔、鹹菜、青瓜、大黃瓜、大頭菜、菜心、木瓜、高麗菜心等。家家戶戶平常都備有許多醃製菜，其實與農民媽媽們吃太陽齋或與祭祀齋戒有關。

美濃傳統農家菜的「雜」

美濃喜歡吃「雜」，意思是喜歡吃牲畜或家禽的內臟。以我本人見聞的經

美濃農村於中元節後到寒露、霜降前，是農民寒苦之日；魚會落潭、退灘，蝦蟆會落溝，大冬禾未收割，所以這一陣子老媽媽們所做的鹽醃菜，都一起上桌了。

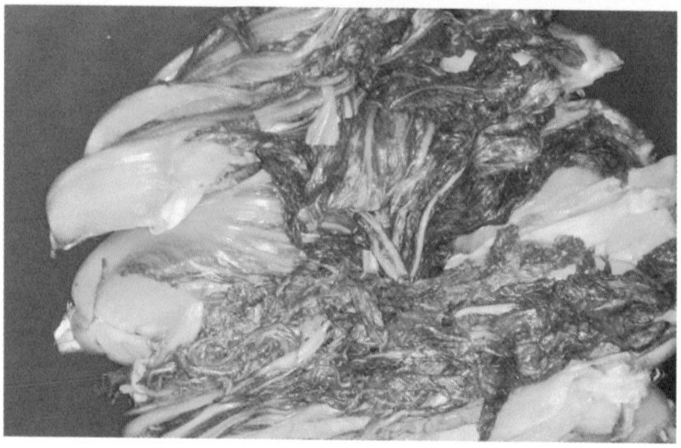

美濃常民飲食生活中，入秋後，大户人家為了養肺，都會利用「豬粄油」來蒸糯米飯、煮麻油薑母鴨、鹽焗豬粉腸、茄冬葉蒸粉腸，烹製潤肺養生的料理。從美濃傳統農家菜看美濃人的生活飲食習慣及時令食療特性，可知我們老祖先的飲食智慧，但現在許多人都已忘記了這些阿嬤的食療佳餚。

驗，有牛舌、牛羊肝、牛羊豬的睪丸、牛腸肺、羊、牛腰、羊及牛的毛肚，當然包括豬的所有內臟，如豬心、粉腸、肥腸、豬氣管、牙齦肉與豬頭皮，以及家禽內臟；甚至於前幾年，我還在台中縣東勢鎮買到山豬醢（肉醬）。

我曾經喝過果子貍、毒蛇的膽與血、鱉的生血，蛇腸、鯇魚腸子、蜂蛹，這些在美濃都被看成珍品佳餚。早期我們甚愛吃禾蝦（紡織娘）及蟋蟀。我叔叔林振權從小住在中圳埤頭下的林家伙房，他專門在埤頭賣魚處收集鯇魚的血腸，做為打鬥敘的珍品。

美濃吉東地區粄仔雄的割魚生店裡，老闆彭永雄最珍貴的名菜，除了生魚片外，就是炒鯇魚腸子；那味道讓許多人一生懷念。

四、五十年前，美都戲院前面，王金清經營的牛腸肺店中，快燙「牛肱江」是最好吃、卻又是最少的、價錢最貴的牛雜。而在廣州市及香港，牛雜也是一種流行小吃。

傳統美濃菜靈魂：美濃豬與豬油

美濃傳統農家菜的靈魂是，美濃本地豬的豬肉及豬油。美濃人依山傍水而

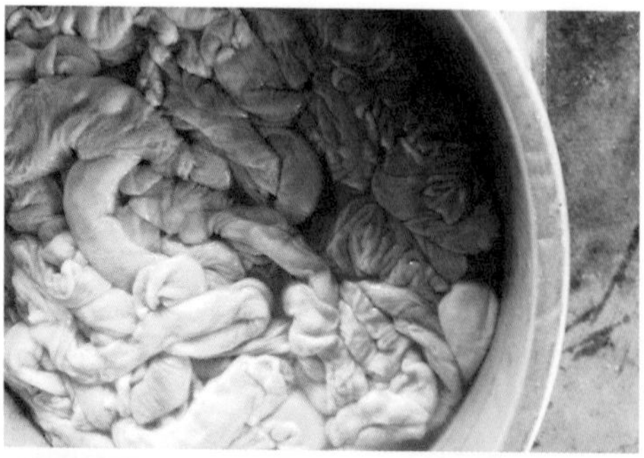

「大腸撐糯米」是美濃傳統農家菜餚與小吃，是家的味道，是媽媽味道的展現。

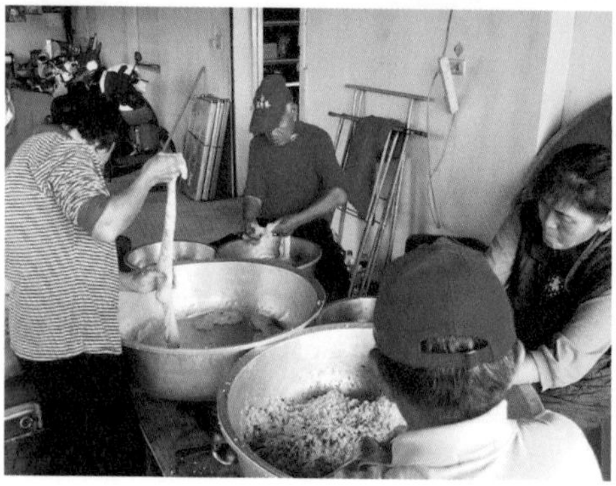

居，很會利用居住環境空間來飼養雞、鴨、鵝、火雞，也一定會搭建一個豬欄來飼養豬隻，並建一個堆肥舍。

美濃豬，是美濃人財富的一種代表，也是美食靈魂代表，更是創造傳統農家菜的主幹。三獻禮中，全豬是祭祀禮儀中必備供品，代表一場重要祭典。美濃豬的豬油濃香，是美濃農家菜的基本，也是客家菜「油、香、鹹」特性之一。美濃豬豬油的味道香潤，會讓人舌尖上的味蕾跳動。

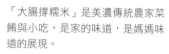

窮人莫斷豬，雞鴨都愛顧

前面已經詳述過美濃莊民依傍著美濃溪、埤、塘、湖、潭、溝等特殊環境，逐圳、溝引水而居，是生活及維繫生命的特色。加上早期醃雞肉絲是大家耳熟能詳的美濃傳統農家名菜，也是美濃家鄉的過年或二月戲的必備佳餚。許多人知道它，吃過它，品嚐過它，但早年要出現這道菜，媽媽們是費盡心力與方法來飼養閹雞或雄雞，這些雞隻要吃掉數不清的青蛙、米穀、米糠才能長大。父母用盼望子女回來過年、掃墓，以及虔誠祭祀的心，來炆煮閹雞，拔撕雞絲，或拌蒜苗絲，或拌黃瓜絲，調味溫韻，而端上桌給家人享受。這一道菜真是得來不易啊！

雞隻不易飼養，養鴨、養鵝的人家比例甚高，所以餐桌常出現的蛋類菜餚均與鴨蛋有關；美濃許多人小時候是吃徒鴨蛋、徒雞蛋、徒鵝蛋，加韭菜、青蔥、七層塔的煎蛋長大的。「徒」是客語，指的是雞蛋、鴨蛋、鵝蛋等經家禽孵化失敗後，變成很臭的壞蛋，阿嬤們就將這些壞蛋混搭韭菜、青蔥、七層塔而煎之。以前的農民都有吃這種壞蛋長大的經驗。

客家菜有「無雞不成宴」、「無雞不清，無肉不鮮，無鴨不香，無肘不濃」的特色。美濃人敬天祭祖、拜神與伯公，都用三牲或五牲供品來呈現他們的虔誠與敬意。用「雞」當牲禮中的主體，因「雞」與「吉」之音相通，也有忠誠、勤奮、報喜之意。所以美濃人在婚喪喜慶、神明聖誕的宴席上，第一道上的菜一定是「雞」的菜餚。因為「雞」是五德之禽，代

表大吉大利。

以前美濃的本土雞種叫「石倢雞」，雞隻的體型很小，長不大；如果拿來當祭祀供品，會讓人譏笑。過年、掃墓、二月戲請客、或為了娶媳婦、做生日完神，都需要用到一整隻的「雄雞」，美濃人會想辦法養幾隻雄雞（大公雞）；也會叫閹雞者來閹幾隻雞，使之成為「大閹雞」。祭祖、祭土地公、祭神明時，把經過十個月飼養的大雄雞與大閹雞中，最肥大的雞做成祭祀供品，呈供於神桌或祭壇上，引起大家的注視及讚揚。當家的老祖母感到自豪跟榮耀的表情，全都顯露在自信的臉上。祭祀過後，再做成閹雞或雄雞系列的美濃名菜，像是客家封雞，來宴請親朋好友。雖然，美濃老媽媽們沒忘記這道特有名菜，但總沒有流行在餐廳及外燴宴席上，確實是一件憾事。

不管是大雄雞或大閹雞，都是美濃人最善於發揮的好食材；像是閹雞鹹菜湯、封雄雞（閹雞）、白斬雞、芹菜雞肉絲，這些都是美濃農家常民年節的好佳餚。難怪有人說：「美食藏在常民百姓家。」

早年美濃竹頭背的地方名人黃芳未先生，一則為父親生日祝壽，一則宣佈參選縣議員，席宴由我大哥范德喜操辦，宴請所有親朋好友的席宴上，出現一道美濃名菜「白斬閹雞」，是經數十年，此道名菜無第二次再出現於喜宴上了。

醃製食物

蔬菜的鹽漬是最古老、最基本和最大眾化的蔬菜貯藏、加工方式。《詩經》中即有「中田有廬，疆埸有瓜，是剝是菹，獻之皇祖」的詩句；廬和瓜是蔬菜，「剝」和「菹」就是醃漬加工的意思。漢朝許慎的《說文解字》中解釋，「菹菜者，酸菜也。」《商書・說明》中記載有「欲作和羹，爾惟鹽梅」，這說明在三千一百多年前的商代武丁時期，就能用鹽來漬梅供烹飪用。由此可見，鹽漬菜應起源於商

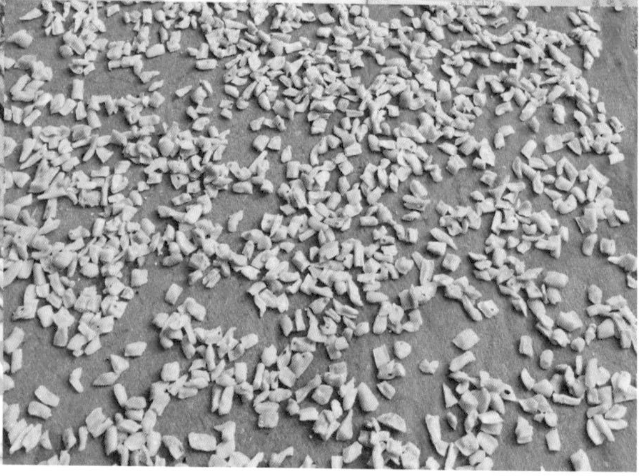

客家人的鹽醃芥菜就是「鹹菜」。中國大陸的「酸菜」則包括芥菜、大白菜、蘿蔔、雪裡紅等。

周時期或更早的年代。

農業科學家賈思勰在《齊民要術》中較系統和全面地介紹了北魏以前鹽漬加工方法。例如：「鹹菹法：收菜時擇取嫩高，於鹽水中洗菜，即內甕中。」內即入字解，就是加鹽的鹹菜醃製法。

「瓜菹法：瓜，洗淨，令燥，鹽揩之。」又說：「鹽揩數遍，日曝令皺，若一石者，與鹽三升。」這就是高鹽分漬瓜的製法。

「卒菹法：以酢漿煮葵菜，擘之，下酢，即成菹矣。」這是速成酸菜的作法。

「菹法：粥清不用大熱，其汁才會相淹，不用過多，泥頭七日便熟。」泥頭是指用泥土密封容器，可見當時已經知道厭氧菌（乳酸發酵）有利泡菜的製作。

鹽是美濃傳統農家菜的血液

「鹹」之於客家人而言，意味著兼具保存與勤勞的文化符碼，其背後真正的意涵，乃是反應出客家人在經濟弱勢及不足的現象。換言之，窮也是客家族群另一種文化的象徵意涵。鹽，是鮮味的靈魂，不僅為美濃地區帶來了鹽醃菜系，獨

具韻味的鹹酸口感，鹽更應該說是美濃傳統農家菜的血液。

清朝初期美濃先民要坐船走水路到東港、里港地區採購鹽及其他物品回來。早年時我常聽祖父及叔公太邱欽盛說：美濃有一些專門挑擔，從美濃到台南府城買鹽及雜貨回美濃的走府隊。嚴格而論，一天之內，要從美濃到台南府城挑鹽及雜貨來回一次做營生，是一般百姓很難達成的苦差事。

從美濃早期農業社會至今，在尋常居民的飲食菜餚中，平常寺廟伯公宴席內，以客家醃菜文化來看，其實鮮筍、醃筍乾、酸筍或芥菜、新鮮鹹菜、水鹹菜、泔鹹菜的地位，均高過新鮮蘿蔔、蘿蔔乾、酸醬蘿蔔、陳年蘿蔔（尤其近十年）。

美濃近十多年來每年都會舉辦蘿蔔節，時

節一到，農民們就會忙著醃漬醋蘿蔔，它的本質與近十幾年的醋醃泡菜、醋醃酸白菜一樣；但醃漬者與消費者可能不知已違背了中國醃漬泡菜的歷史及內涵。我的母親從來沒有用過化學醋與米酒來加速鹹菜、高麗菜、蘿蔔的發酵。中國泡菜歷史已近三千二百多年，「臭風蘿蔔」才能述說蘿蔔的歷史及族群生活內涵。現在「醋醃蘿蔔」的大紅熱賣，只能說是商人的速食小吃，與「陳年蘿蔔乾」一樣是流行商品，無歷史文化內涵的，也與美濃先人飲食習俗無關。

美濃的白玉蘿蔔雖然近幾年很火紅，但在餐廳、婚喪喜慶宴席中卻還是無法被端上桌，反而筍乾與鹹菜凸顯了美濃傳統美味菜餚的角色。

雖然從美濃醃製食物中，可獲知美濃先人

常民生活的片斷歷史，但最好有年長老媽媽給予詳細的說明，否則會一知半解，因為各人有各人的調。

食物轉化風味的智慧

如果要了解美濃人的飲食文化，就必須懂得美濃醃製食物及其如何變化醃製食物成佳餚。美濃的男人們善於鹽醃山珍野味等肉類，媽媽們精於醃製田園中各種食材，並儲藏於家中。製作與醃製豆豉、蘿蔔乾、鹹菜、高麗菜乾、破布子、鹹魚、醃薑，都是美濃農家常民的普通家事。因此美濃有許多關於醃製食物的有趣俗語，比如：

「一日三兩薑，毋驚人打毋驚人碰。」是指一個人如果一天吃了三兩薑，就不怕被人捶打；也就是吃薑能使身體強壯的意思。

「日食一片薑，勝過一碗野蔘湯。」意思是一片薑的養生效果勝過昂貴的蔘湯。

「鹹魚傍飯會賣屋。」是說鹹魚很下飯，常吃它會消耗很多稻米，最後可能會賣掉房屋來買米。

鹽醃子薑

美濃的醃製品特別多，肉類早期有豬膽肝、鹹豬肉、鹿肉乾、羌肉乾、狗肉乾等；至今，豬膽肝、鹿肉乾還是有人醃製與出售。

蔬菜醃製的種類有蔭豆醬、蔭豆豉、豆腐乳、蔭子薑（粉薑）、鳳梨汁子薑、蔭鳳梨、蔭醬風災竹筍、蔭破布子（對面烏）、傳統醃蘿蔔、米糠蔭蘿蔔、滷鹹菜、汫鹹菜、汫高麗菜乾、曬蘿蔔絲（角）、曬蘿蔔苗等等。至於醃製冬瓜、苦瓜、香櫞瓜、木瓜、越瓜、結頭菜，及日曬芋荷（芋頭的梗莖）乾、花菜乾、長豆乾已慢慢消失中。

美濃人長久以來就認定，鹹

美濃是水田、矮山、埤、塘、圳、潭、溪湖交織而成的好地方，除了水河產、山產豐富外，也是養鴨絕佳好環境。
美濃有兩句諺俗可代表農曆七月大冬禾及水鴨公的農村故事：「七月半禾打扮，八月半禾變飯」、「七月半的鴨仔頭昂昂，毋知死日到」。
美濃七月的美食佳餚，早期總離不開水鴨公或番鴨亂：美濃養鴨人家，每年七、八月間，為了水鴨嬤盛產鴨蛋，會淘汰公水鴨，而另外放養在稻田中，經二十天後，小小的鴨隻就被饕客們殺煮吃了，這就是廣東客家名菜「蘸子鴨」。至今海峽兩岸依然有吃水鴨公的習俗；然而，美濃人吃水鴨公的習慣，皆因大冬禾的消失，及農村圳溝河溪生態地改變，這也意味著美濃的人、山、水、田、地、鴨、美食都產生劇變矣！

菜是菜王、高麗菜乾是開胃珍品，因此善用各種山珍野味與鹹菜或高麗菜乾做料理；從「鹹菜鹽生」到「鹹菜肉湯」就有數十種，像是常見的鹹菜炒豬頭皮、鹹菜豬肉湯、鹹菜鴨肉湯、鹹菜排骨湯、鹹菜羌肉湯等等；最美味的是鹹菜閹雞肉湯。

一般農民也非常善用薑來煮菜。光復前，美濃有名的事業家何金榮先生，他吃早餐一定要有薑配飯。他的媳婦鍾英娣說：每年到了薑（粉薑）的產季，她就要醃製好薑，給她公公吃一年。

從民國五十六年起至今，「高麗菜乾排骨湯」一直是美濃名店珍好味餐廳的鎮店湯品。客家大老李喬曾經說過：「以客家族群來說，運用客家的獨特食材及烹調方式所做出的菜餚，才能算是客家菜。」這是必須遵循的規範，因為客家族群是透過食材的搭配與菜色，來呈現客家的生活面貌與文化特質。

老廚官的「廚官菜」

老一輩的美濃人常把讀書做官、結婚生子、辦父母之喪，立風水祖墓、建宗祠祭祖先，當為人生四大盛事。這是代表生命存續的內在意涵，因此經常被賦予隆重的儀式及慶典。尤其是婚禮，從下聘、迎娶到歸寧，都關係著眾多的儀式、器物和人力，過程繁瑣卻富有深厚的文化意義。

客家婚禮的習俗中，有「燃儀」、「書

儀」、「祀儀」、「袂儀」、「阿婆菜」、「廚儀」六禮的特性。每當有重要的紅、白帖大事，就必須宴請四門六親，自然須懇求村里中懂得烹飪的「廚官」來主持宴席。

在美濃早期社會，廚官大部分是殺豬的人兼職較多，是一個村莊或地方中，懂得宰殺、剁骨、分肉，知道何種肉質最鮮美，會烹飪、煮菜，或許也知道許多禮儀規矩的長輩。在廚官的指導下，許多親戚與鄰居要完成搭棚、造土灶、砍樵、採買食材、借桌凳及炊具、磨豆腐、做粄食……等等工作。如果缺了有經驗廚官的統領，往往無法烹煮出一道道令人滿意的宴席菜餚。

在廚房，廚官有許多要領和不為人知的私房菜，他會利用剩餘食材，料理出特殊菜餚來犒賞自己的夥伴；如白灼豬肝、白灼生腸、白灼雞卵齋、煮脢條肉湯（小里肌肉湯）、豬頭肉、牙齦肉、豬腦、豬腳筋、豬舌頭、豬尾巴、雞鴨腳、腱子肉湯、雞卵核、豬骨髓等等。大腸、粉腸、豬心腰，也都是廚官們私下享用與下酒的菜餚。早期的農家社會，這些沒被端上席宴餐桌的精華菜餚，美濃人習慣稱之為「廚官菜」（廚下菜），它是美濃飲食文化中最精彩的一部分。

美濃的閒餐菜

美濃地區早期一般喜慶、喪事的準備，至少要兩天，工作人員數十人；婚禮前一天的晚餐，就叫「吃閒餐」；現代人說「打八仙」。主人家除了請廚官準備婚禮當天的宴席外，也要準備打八仙的菜餚，來宴請所有重要的親戚長輩及工作人員。

美濃人家中有男孩誕生時，向祖宗與神明「許願」的習俗；當男孩長大成人，在結婚前一天，就要做「完願」的準備；首要先到家附近的廟宇及土地公廟祭祀謝恩、敬外祖（到阿嬤與外婆家祭祀報恩），最後在自己家祭拜祖先和拜天公；所以準備的牲禮就會有很多副（組）。祭祀的三牲或五牲如果不夠當做食

材，老廚官就會要求主人準備鴨及鵝來加菜。

閒餐菜餚的食材大都是用祭拜過後的牲禮，或是自己宰殺的牛、豬、羊及家禽，以及如果沒有被老廚官們暗地吃掉、不能出現在宴席桌的內臟（豬肺、豬或羊心腰、豬或羊肝、粉腸、脆腸、豬頭皮、羊頭肉、豬舌、豬血及雞或鴨腸、雞鴨胗、雞鴨血），和極少量的豬頭、羊頭來烹飪。像是麻油豬腦、麻油豬骨髓、薑絲大腸、白灼粉腸、白斬鴨肉、燜豬雞肉、黃瓜下水、鹹菜鴨肉、鹹菜豬肉、冬瓜封、

「美濃小封」是由頗具嶺南特色的飲食文化──「客家紅燜肉」演進而來，其油潤柔糯，味美異常，有「紅紅旺旺，富得出油」的寓意，是辦喜事的必備菜。現在美濃小封也稱「客家小炆肉」；在美濃，已是最具代表性的客家傳統美食。

根據老廚師劉金忠指出，在美濃的農耕時期，任何宴席如沒有出現「大封」及「封雞」這兩道菜餚時，也必須具備「紅燜豬肉（美濃小封）」及「紅燜雞肉」這兩道菜餚來充場面。劉廚師強調的是：「美濃小封上菜後，緊跟著上桌的菜餚一定是美濃鹹菜。」

高麗菜封、蒜苗豬頸肉、蔥煏豬頭皮、雜菜，有時還會出現「小封」等菜。這些食材大部分是來自家中飼養及種植，一般人不太能吃到這些特殊料理，美濃人稱這些料理為「閒餐菜」。

這些閒餐菜後來流入餐廳、小吃店，尤其蒜苗豬頸肉、蔥煏豬頭皮、芹菜魷魚、薑絲大腸、炒粉腸、客家小炒、冬瓜封、高麗菜封，而後演變成現在流行的美濃客家名菜。

劉金忠老廚師說：以前掌廚的老廚官張雲添，會要求炆大封及封鵝肉、封鴨肉或封閹雞之時，一定要放一塊木瓜跟蒜苗墊底；還會要求所有切菜的工作人員，在切鹹菜時，要留下每一把鹹菜的尾段。因為宴席結束收拾剩菜，要利用鹹菜尾的葉子來擦乾淨裝美濃小封的碗公，讓鹹菜尾與碗公內小封的香郁豬油濃汁融合在一起；好讓下一頓閒餐菜的鹹菜可以濃郁油香上桌；或要製作雜菜的鹹菜條件，更加油香。

廚官菜和閒餐菜都是美濃飲食文化中，傳統席宴上的習慣及節儉經典行為，也將勤勞、智慧、堅韌的客家文化通過食物，一代又一代地傳承下去。現今，美濃傳統農家菜系中，最難尋回或重現，而且令六十歲以上的美濃人懷念難忘回味的，就是「雜菜」這一道家鄉菜了。

改變美濃喜宴「幼席菜」的廚師們

南松飯店的許松根

位於旗山大溝頂的「南松飯店」，第一代老闆許松根先生在日本時代從台南到旗山當學徒。當年旗山酒家發展興盛，南京酒家生意非常好，當年的許松根向日本及福州師傅學廚藝，後來學成出師，一九五五年自己開張經營席店，隔年才在旗山太平商場（大溝頂）購買一間店面開始經營。許多旗山的政商名流、公務人員都最愛來此洽談生意跟聚會；前高雄縣長林淵源在學校任教時，也是店裡的常客。

由於許松根先生精通日菜與台菜，發展台灣人喜歡的菜餚，也將這些飲食文化的內容，深刻地影響了旗山、美濃的飲食內涵。南松飯店有十幾個人在跑堂，而其中旗山、美濃和其他飯館的大師傅都曾在此工作過或擔任廚師，像是旗山老邱活海產的師傅、美濃的范德喜、蕭春得、劉金忠與後來學藝的傅金成。

飯店的菜餚最引以為傲、令人食指大動的當屬福州菜與台菜；像是五色拼盤、紅蟳米糕、福州肉羹、炒鱔魚、炒響肚、炒腰花、貢丸、魚丸、烤魷魚、八寶鴨、五柳枝、紅燒鰻、紅燒田雞、蔥油雞、佛跳牆、八寶丸、珍珠丸、排骨酥

湯、鹹菜豬肚湯、豬肚四寶湯、魷魚螺肉蒜湯等等，無不是許老闆的拿手好菜。而日式的手路菜，像是炭烤赤鯛、蚵仔捲、花仔捲、沙西米、日式炒烏龍、味噌湯等等，也都是客人必點的好菜。

美濃鍋鏟三兄弟：范德喜、蕭春得、劉金忠

范德喜家住中壇，他祖父范阿榮於一九三五年，在和興莊戲院邊賣「面帕粄」，家中大小都與吃有緣故。在南松飯店開業的第一年，他就到旗山跟老闆許松根學廚藝。他到旗山之前，曾經

跟父親好友、經營美濃第一家福州席店的黃振光，所開的席店學福州菜及燕皮扁食。當南松飯店在旗山太平商場購買一間店面經營，范德喜返鄉邀兩位師弟蕭春得、劉金忠到南松飯店一起工作；三年後，師兄弟三人一起返鄉各奔前程，卻無人改行換業，一直堅持飲食廚師角色。

有趣的是：一九六一年間美濃的美豐飯店，卻變成范德喜與蕭春得二位師兄弟大顯身手的舞台。隔年，獲美豐飯店老闆的允諾，范德喜開始製造及購買外燴用的棚布、桌椅、各種炊具，成為美濃出租外燴炊具及主辦「幼席」的第一人。美豐飯店也開始對外承辦喜宴訂桌生意。

他們師兄弟三人常常在一塊發揮南松飯店所學的廚藝。同時范德喜也把「福州肉羹」、「米粉炒」傳回中壇老家，讓弟弟范添元學習烹煮。范家從一九六二年起也開始販賣福州肉羹、米粉炒。一直到現在，他的「福州肉羹」是美濃第一及唯一的首創店，後來改為「涼城冰果店」。

蕭春得經營的「珍好味」餐廳，從一九六七年以來，火紅了三十多年；他的招牌菜是紅燒豬腳、炒羊肉、炒豬肚、炒脆腸、炒膳糊、糖醋麻雀、香酥鴨、糖醋黃魚、炸白哥。其中最被人懷念的是「美濃柴燒豬腳」及「高麗菜乾排骨」；蕭老闆每天早上親自訂購美濃本地黑豬腳，除親身烹煮美濃豬腳外，還要殺約

劉金忠老廚官和我

五十斤的鱔魚，準備鱔魚料理的食材。他與師傅彭清溪、旗山海產老闆鄭進丁三人，最喜愛把鱔魚骨與頭用米酒糟煮成喝的進補。

劉金忠小學一畢業，就被范德喜引進南松飯店學廚藝，經過三年多的磨練，因兵役問題而離開南松飯店。劉金忠退伍後，被天一飯店聘任為主廚，他的拿手菜是炒響肚、炒薑絲大腸、焗小封、薑絲羊肉。之後進入美豐飯店當主廚，從一九七二年起開始承攬外燴生意至今。

三位從外面學習廚藝回美濃的年輕人，經過七十多年時光的流逝，兩位師兄的辭世，加上自己中風過的傷害，劉金忠的行動已不便。近十多來，我一週陪他閒話聊天四日，談談學廚藝的初心及吉、喪事廚官角色、刀工火候、早期外燴苦境、菜餚轉變等等問題，他對目前廚師們的看法，總是帶有一份傷感與憂心。

逐漸消失的阿嬤味緒

美濃飲食文化的變化，嚴格而言，理應從日本時代及一九四六之後談起；但是，在我多年的訪談中發現：在美濃農村消費習性差、封閉保守環境、物質缺乏的條件下，他們僅記得日本人配給的「鹹鰱魚」而已。

美濃酒家興起期間，雖有許多酒家開張，經營者及廚師依然是福州人佔大部分；早年，我曾經與老鎮長劉義興、鍾啟元、耆老李基祥、張騰芳、王水興、傅傳榮等人談到酒家菜，他們只有談到早期的瓜仔雞、糟酒雞或燒酒雞。一九六一年之後，方有烤魷魚、炒響肚、紅燒田雞、排骨酥湯、魷魚螺肉蒜湯、鹹菜豬肚湯、鯽魚糟酒、豬心燒酒、炒腰花等等菜餚。

一九六二年，范德喜是美濃第一個全承包性的外燴辦桌，確實令人驚豔及羨慕。但，美濃傳統農家菜的宴席所占比率甚高，結果從事「幼席」辦桌的范德喜、劉金忠、劉富華等人，還是要向老廚官張雲添、劉潤廷、鍾清河、鍾雙來、廖成枝、阿善哥等人學習傳統農家菜，方能於美濃外燴圈行走。

由劉貴上主持的「東海飯店」，他的鹽焗雞、釀豆腐、腰果蝦仁、梅乾扣肉是店裡的正牌名菜。

一九七二年美食家唐魯孫先生來美豐飯店吃美濃豬腳，他在〈唐魯孫談吃〉文中說令他懷念一生。一九七三年蔣經國先生來美濃東海飯店吃面帕粄及美濃豬腳，更使「美濃豬腳」聲名遠播，變成美濃出名的菜餚。

五十年前，美濃飲食界的新菜系，如福州菜、廣東菜、傳統客家菜所呈現的地方，都在美濃四個飯店、九個酒家，與「幼席」宴席餐桌之間。至於美濃傳統筵席菜則在五十年前開始日漸改變——都被福州菜改變了其風味及面貌；再加上食材質量的變化、炊工過程的速成化，也讓傳統農家喜宴菜的本質流失。目前除

了兩、三樣菜，如封肉、封雞、美濃豬腳，尚有保留於現在客家喜宴外，僅於伯公聖誕（土地公生日）、新年、滿年福、嘗會或私人喜宴上，方有可能出現較傳統的筵席菜餚。

美濃「現在喜宴菜」是呈現福州菜化，加上一點點粵菜和日本味道，美濃地區近三十年來，凡有喜宴，四色拼盤、五福拼盤、合盛刺身、海鮮魚翅羹、紅蟳米糕、鰻片米糕、蠔皇帶子、鹽焗鮮蝦、樹仔蒸鮮魚、蠔油雙脆、烤豬肋條、佛跳牆、人蔘養生雞湯、四季水果盤、冰品甜……等等彷彿是喜宴必備菜餚。

美濃傳統喜宴菜餚百分之九十已消失不見，所以美濃年長者，因日長月久浸濡於豐富的客家傳統菜餚與野味中，至今許多耆老總難以忘懷具有廚下菜、閒餐菜特性的「美濃傳統喜宴菜餚」，反而常常批評現在喜宴不好吃、不對味，或者說：沒有以前「粗席」的「味緒」！這母親與阿嬤的味緒，總是讓人懷念長長久久與不斷地尋尋覓覓，來填滿記憶中的遺憾！

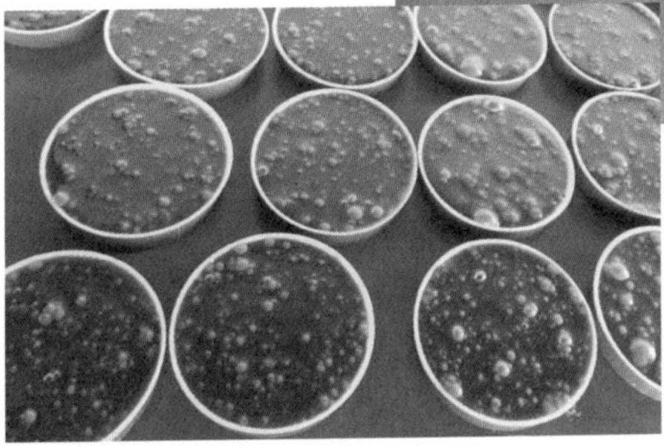

早期美濃農村的喜宴中，「貼肉丸」是一件大事，也是難事，更是許多美濃人的經驗及記憶。近十多年來，廟宇、伯公、食福宴席中，「肉丸湯」是美濃客家食譜中的招牌菜，其工序麻煩特多，難怪很多餐廳不願展示此道好料理。

3

尋回阿嬤的味緒

為了尋回美濃農家菜的傳統味，並讓這些食譜得以傳承，我策畫了幾場品嘗會，
邀請老廚官劉金忠、美濃園外燴的負責人邱雙明、
高樹鄉新珍真餐廳的廖家豐廚師、家庭媽媽鍾劉瑞枝和我一起完成這些菜餚。
並特別感謝鍾北鳳的協助攝影，以及提供、負責花布與擺盤飾的王玲秋校長和邱嘉毓。
希冀能透過這些食譜將最道地的美濃客家菜餚傳承下去，
也讓這些美味飄香在每一個家庭中。

煎溪哥與溪蝦

◆食材◆

溪哥、溪蝦8兩

◆調味料◆

鹽、醋少許、胡椒鹽適量

◆作法◆

洗乾淨的溪哥、溪蝦與鹽醋醃製一下，起油鍋，煎至香酥，即可上盤食用。

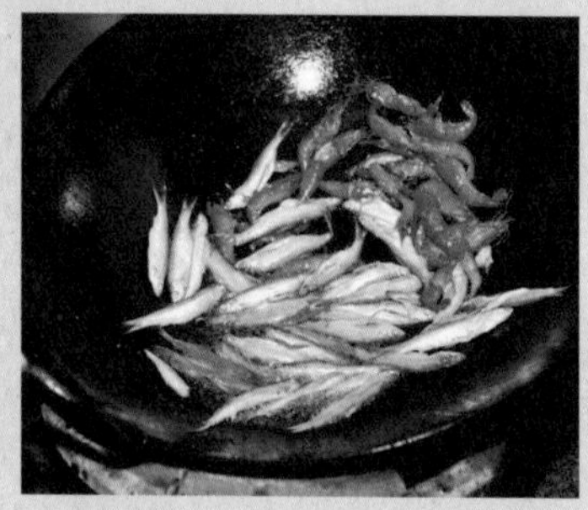

小典故

四、五十年前，美濃每一處溪、圳、埤、塘、溝或農田均有許多白哥、紅目鯽、水打扁（高體蝦鱵）、波波落（鰟鮍魚）、大肚魚、沙鰍、螺貝、蜆、河蝦等淡水小魚生物；牠們是美濃溪最佳天然佳餚食材，牠們的豐富代表美濃的生態環境處於最佳狀況，也顯現美濃好山好水賺人盛譽的表徵。

味噌魚頭湯

◆食材◆

台灣鯛魚頭2個、薑片5片、七層塔少許

◆調味料◆

酒少許、味噌2大匙

◆作法◆

魚頭洗淨，開水煮開，魚頭和薑片放入鍋中煲煮15分鐘後，再加入少許酒去腥味；另取一大碗開水與味噌攪拌均勻後倒入鍋內，放入七層塔即可食用。

五柳鰱魚頭

◆食材◆

新鮮鰱魚頭1個（約1.5斤）、筍絲、木耳絲、金針菇、洋蔥絲、紅蘿蔔絲、蔥白、蒜末、香菜、太白粉各適量

◆調味料◆

醬油、醋、酒、番茄醬各少許

◆作法◆

① 洗淨鰱魚頭，入鍋油炸至表皮酥脆且熟透，盛盤備用。

② 將蒜末爆香，拌炒筍絲、木耳絲、金針菇、洋蔥絲、紅蘿蔔絲、蔥白均勻至熟，加入醬油、醋、酒、番茄醬調味後，勾薄芡做成五柳糖醋醬。

③ 將五柳糖醋醬淋在酥脆的鰱魚頭上，再撒上香菜少許即可。

傳統五柳菜的作法：木瓜、子薑、紅蘿蔔、青瓜都去皮切絲，蕎頭保留原只。米醋用溫開水調開，加入白砂糖攪勻，放涼後加入以上材料，倒入密封的器皿醃一星期左右。最重要的要訣是，白砂糖一定要比米醋多。醃製好的五柳菜可用來做五柳魚、五柳蛋等佳餚。

鳳梨醬燉鯉魚

◆食材◆
鯉魚2斤，洋蔥絲、紅蘿蔔絲、薑絲、蒜、青蔥各少許

◆調味料◆
鳳梨醬適量、醬油、酒各少許

◆作法◆
將整尾的鯉魚洗淨，放至乾淨的水盤中，淋上鳳梨醬、洋蔥絲、紅蘿蔔絲、蒜、青蔥等配料與佐料，放入蒸籠中燉煮20分鐘即可。

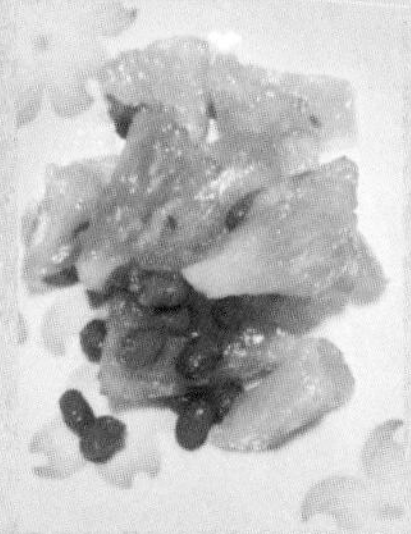

酒糟鯽魚

◆食材◆

鯽魚（約4兩）2條、米酒1.5瓶

◆調味料◆

鹽少許

◆作法◆

鯽魚於清水中淨養一天，鍋中放入米酒（蒸餾的米酒更佳）和未宰殺的鯽魚，用小火烹煮，煮開十分鐘後加鹽調味，即可關火，趁熱享用。

鯽魚又名鮒魚，肉味鮮美，肉質細嫩。早期美濃溪與中圳湖盛產鯽魚，「酒糟鯽魚」是美濃農民最愛的一道滋補食療，婦女通乳珍品佳餚。

蒜香地瓜葉

◆食材◆
地瓜葉14兩、蒜頭6顆
◆蒜頭醬油◆
用豬油將蒜末和醬油爆香
◆作法◆
將地瓜葉洗淨汆燙，切段、擺盤，上桌前淋上蒜頭醬油。

小故事

近幾年談到養生與抗癌，一定會提起少有農業污染的番薯葉。然而，番薯葉幾百年來有很多名稱，例如「護國菜」、「皇帝菜」，也有許多故事及趣聞。「皇帝菜」之稱起源於宋朝，相傳南宋堅決主張抗元的將領張世傑和大臣陸秀夫擁立八歲的趙昺為王，人稱趙昺為少帝。一次與元軍交戰，少帝兵敗，從福州逃到潮州，與陸秀夫等人寄宿在深山一座古廟中。廟中僧人聽說來者是宋朝的少帝，本想以豐盛的飯菜款待，無奈因連年戰亂，香火不旺，除了僧人自己在附近種的番薯地外，一無所有。僧人只好將新鮮番薯葉去掉苦味，製成湯肴。少帝饑渴交加，食之精神大振，讚不絕口，當即賜名「護國菜」，以表自己一定要保住江山的決心。後來，元滅了宋滅，當地人民懷念宋朝，就把皇帝吃過的這一道菜稱作「皇帝菜」。番薯葉後傳入沙縣，幾經客家人改良後變成沙縣的名小吃；也成為廣東潮州名菜。

薑汁長豆

◆**食材**◆
長豆10兩，老薑

◆**薑汁**◆
老薑磨成泥、加醋、糖、醬油拌勻

◆**作法**◆
將長豆折斷，汆燙後打冰水，撈起盛盤。

小典故

客家人說的豆菜就是長豆，美濃老媽媽說是「八月角」，它是美濃盛暑的救急菜。當夏天沒葉菜可吃之際，長豆葉就可煮湯，也可炒來吃。美濃人烹調多講究吃原味，只要將長豆汆燙成熟，再佐以用薑末調製的醬汁，就很美味了。這道菜也是美濃媽媽們吃早齋的好菜餚。

白灼豬肉

北部客家人的沾醬是桔醬，美濃老時代人用蒜末豆醬加七層塔及香菜。

◆食材◆

豬五花肉1斤、蒜4粒、香菜（或七層塔）和辣椒各少許

◆沾醬製作◆

蒜、香菜、辣椒剁碎，加少許醋和醬油

◆作法◆

五花肉洗淨，開水燒開，將五花肉汆燙20分左右至熟透，起鍋待涼塗上米酒少許，而後切片擺盤食用。

白灼豬利

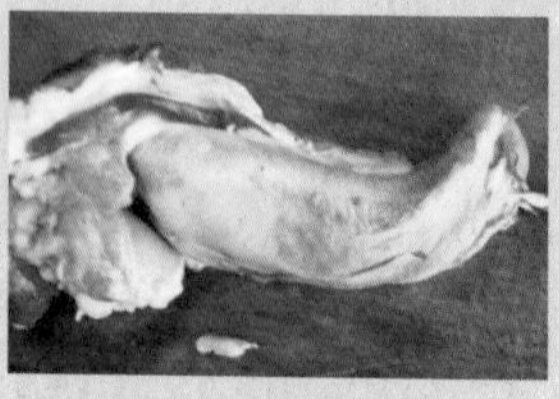

◆食材◆
豬舌、蒜頭

◆蘸汁◆
蒜頭剁碎加醋和醬油拌勻

◆作法◆
將豬舌洗淨汆燙至熟，切片擺盤即可。

客語「舌」字的發音有削減、消失的意思，所以豬舌稱之為「豬利」。「白灼」就是汆燙的意思。客家飲食最顯著的特點就是突出主料、味厚濃香、注重養生、原汁原味；所以有很多白灼菜餚，如白灼豬肉、白灼豬頭皮、白灼粉腸。

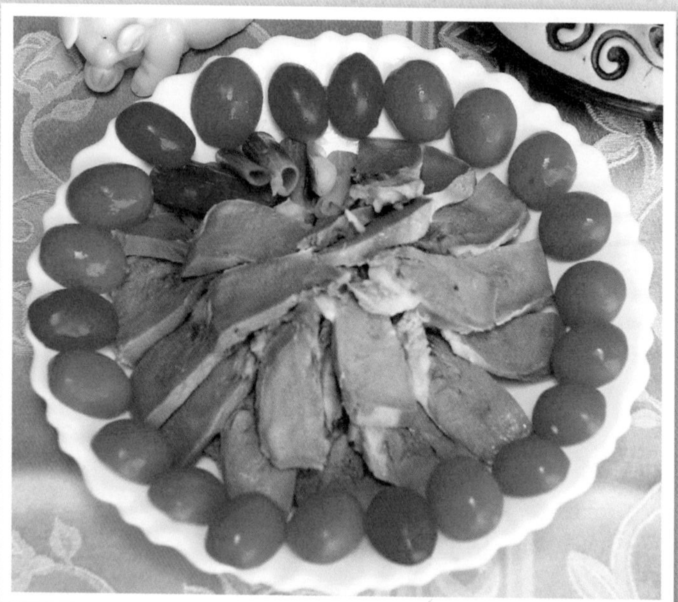

竹筍豬尾湯

◆食材◆
新鮮竹筍2小條、豬尾4條

◆調味料◆
鹽、酒各少許

◆作法◆
豬尾切塊汆燙，竹筍切片，放入加滿水的大鍋中一起燉煮至熟，起鍋前加少許鹽、酒調味即可。

鹹菜炒豬頭皮

◆食材◆
豬頭皮5兩、鹹菜1斤

◆調味料◆
醬油、酒、糖少許

◆作法◆
①將豬頭皮洗淨汆燙至熟，切小片。
②起油鍋，將切碎的鹹菜和豬頭皮拌炒，加入醬油、酒、糖少許，稍燜一下至入味即可。也可加入辣椒增添色彩。

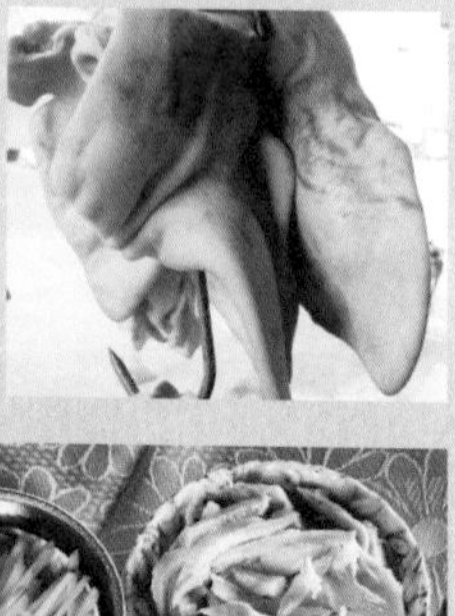

小典故

百年來，逢有白喜大事，宰殺豬羊的宴席，一定會出現此道「鹹菜豬頭皮」。美濃鹹菜除了被稱為「目汁菜」、「痛腸菜」外，也有人叫為「救難菜」、「思親菜」；美濃早期的農村生活中，每家總要種植鹹菜，一面要滷起來（水鹹菜）、一面要泔入瓶中，家中有親朋好友作客，殺雞遲鴨、或烹煮豬肉，總可以成為難忘的菜餚。倘若家遭不幸，長者辭世者，報喪、奔喪者眾，均以「鹹菜」做料理緊急上菜待客；是每家婦女的最愛，甚至於叫它是客家菜中之菜王！

蒜苗鹹豬肉

◆食材◆
鹹豬肉0.5斤、蒜苗2條、辣椒2條

◆調味料◆
鹽、酒、醬油、雞粉

◆作法◆
鹹豬肉洗淨鹽分、切片，蒜苗、辣椒切段，起油鍋先將鹹豬肉炒香後，加入蒜苗、辣椒拌炒入味即可。

清炒鳳梨木耳

◆食材◆
新鮮鳳梨半顆、黑木耳2兩、薑絲少許

◆調味料◆
鹽、酒、醬油、糖各少許

◆作法◆
①起油鍋，倒入切塊鳳梨加糖燜煮10分鐘，起鍋備用。木耳切片備用。
②起油鍋爆炒薑絲，倒入燜煮過的鳳梨，再加木耳拌炒至入味，起鍋前加少許鹽調味即可。

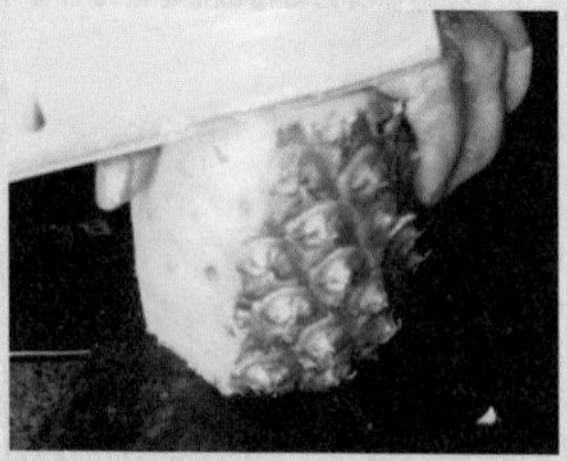

美濃雜菜

◆食材◆

封肉1塊、鹹菜4兩、酸筍4兩、木耳、花生、鳳梨、蒜苗、芹菜、苦瓜、乾魷魚、洋蔥、魚丸、薑、蒜等各適量

◆調味料◆

醬油、鹽、糖、胡椒、酒等各適量

◆作法◆

先爆香魷魚、蔥、蒜、薑，再放入封肉和其他食材，拌炒均勻後，加入醬油、鹽、糖、胡椒、酒調味，酌量加水後，再用小火燜煮2小時即可。

鹽生子薑

◆食材◆

子薑約14兩

◆調味料◆

鹽2兩、醋、糖少許

◆作法◆

子薑洗淨切薄片，用鹽拋醃後製放2到3小時，洗淨薑的鹽水，擰乾，加入醋及糖，入冰箱靜待1小時後，即可擺盤食用。

花生豆腐

◆食材◆

花生1大碗、在來米粉1/2碗、太白粉（或玉米粉）1/3碗。

◆調味料◆

鹽、糖

◆作法◆

①先將花生泡水6小時後去皮，花生倒入果汁機，加入6杯水打成汁，再放入在來米粉、太白粉，再打一次。

②將作法①混合的花生汁倒入白鐵製的鍋子裡（一定要用白鐵製的鍋子），開火加熱；加熱時要一直攪拌，手不能停；加入1小匙的鹽及糖，攪拌均勻，煮開至成為黏稠狀，就可起鍋倒入容器中，待冷卻之後即可冷藏或食用。

小典故

美濃開庄初期，自九芎林、竹頭背至美濃山下，都是一片「看天田」，要種植一季大冬禾很難，許多農田都種植番薯、花生、芝麻，所以花生確是美濃重要雜糧之一。美濃於一八三一年就有打醮的事實，又依傳統建醮中齋醮規儀的規定，居民信士齋戒七、十天的習俗。按我多年察訪的經過，均說「花生豆腐」其來自打醮期間，民間百姓會製作供自己食用。

花生豆腐的出現，是來自田尾坑觀音廟或崇光寺齋堂，李順娣女士是美濃製作和販賣花生豆腐與錢筒菜的第一人。基本上，花生豆腐就是「花生粄」：是現採收的花生與在來米，浸泡後磨成漿，煮成半熟後而再蒸煮的一種粄食，工序過程與製作蘿蔔粄、鹹粄、芋粄是一樣的。

五味涼拌茄子

◆食材◆
大茄子3條

◆五味醬汁◆
將蔥末、薑末、蒜末、香菜、辣椒，加醋、醬油、醬油膏各適量，拌勻。

◆作法◆
將茄子洗淨，切段，汆燙後，淋上五味醬汁即可。

韭菜花豆萁

◆食材◆

韭菜花6兩、豆萁（豆皮）4片、辣椒2條、蒜頭2粒

◆調味料◆

鹽、醬油、酒各少許

◆作法◆

①韭菜花洗淨切段，乾豆皮先泡水變軟後切絲。

②起油鍋，放入蒜頭爆香，倒入豆皮拌炒，倒酒少許，後加韭菜花一起炒香，再加辣椒、少許鹽及醬油調味即可。

酸菜肚片湯

◆食材◆

豬肚半顆、酸菜6兩、薑片6片

◆調味料◆

鹽、雞粉、酒各適量。

◆作法◆

①豬肚洗淨以去腥味，汆燙至熟，切片備用。酸菜洗淨，切段備用。

②豬肚和薑片放入大骨湯或雞湯中熬煮至入味，加入部分酸菜，煲煮30分鐘後，再加入剩下的酸菜，續煮10分鐘後，加入鹽、雞粉、酒調味即可。

炒響肚

◆食材◆

豬肚尖4兩、花椰菜1顆、筍絲、紅蘿蔔絲、子薑絲各適量

◆調味料◆

鹽、醬油、太白粉、酒各少許

◆作法◆

①花椰菜切小朵，汆燙，放涼備用，做盤飾。

②豬肚尖洗淨，切成細薄片，汆燙，備用。

③起油鍋開大火，將豬肚尖過油濾乾，再與筍絲、紅蘿蔔絲、子薑絲快速大火爆炒，加入鹽、醬油、酒調味後，勾薄芡，起鍋盛盤即可。

小故事

「炒響肚」是山東名菜「油爆雙脆」演變而來的。四年前，為了調查美濃傳統客家菜餚，我訪問了一位奇女子陳一妹女士；她一九五四開始經營酒家，曾經手「朋友家」、「永樂」、「仙宮」三家酒家；美濃於菸葉、香蕉盛產黃金時期，她是所有大地主、政府首長、校長、政客最愛的媒人，因為她重用福州廚師葉福岡，烹煮新料理，她改變了美濃傳統菜餚，也增添了美濃風花雪月的話題。她的拿手菜就是「炒響肚」及「鹹菜肚片湯」。

人蔘豬粄油飯乾

◆食材◆

豬粄油2兩、糯米1斤、人蔘12片

◆調味料◆

鹽、酒各少許

◆作法◆

糯米洗淨泡水1小時，豬粄油切片，與人蔘、糯米、鹽拌勻，在鍋中加水與酒，用小火蒸煮40分鐘即可。也可用電鍋蒸煮。

小典故

早期美濃的常民飲食生活中，患有肺病或氣喘者，會生呑「豬粄油」養病。我親眼看過，也訪問過多位殺豬者，均證明此事實。入秋後，美濃的大户人家為了養肺，都會利用豬粄油來蒸糯米飯，烹製潤肺養生的料理。根據中醫說法：豬油味甘、性涼、無毒；有補虛、潤燥、解毒的作用；可治臟腑枯澀、大便不利、燥咳等癥。從美濃傳統農家菜，看美濃人的生活飲食習慣及時令食療特性，可知我們老祖先的飲食智慧，但現在許多人都已忘記了這些阿嬤的食療佳餚。

豬油渣、豆豉豬油渣

◆食材◆

豬粄油0.5斤、豆豉1兩、粄油豬油渣、蒜末

◆調味料◆

醬油、酒、糖各少許

◆作法◆

①豬粄油炸成豬油渣盛起備用。

②用豬油起油鍋蒜頭爆香，放入豬油渣與豆豉，加入醬油、酒、糖調味拌勻，燜約1分鐘，裝盤即可。

小典故

「豆豉豬油渣」是一個可以當主菜，又可以當副菜，更可以當配菜的料理。

早期美濃農村的家家戶戶都儲存「豆豉」。「青禾露雪」、「豆豉咬斫」是美濃人常用的語彙。自立夏、小滿、芒種的山冬禾未收割前，無錢買菜，梅雨連下十天，是常有之事：每當母親買豬油回來爆香，加上豆豉、豬油炒香，讓一家人把它當桌心菜之時，吃飯、扒飯速度加快，飯量加大，這「落豺」解饞之菜，就是記憶美食，是記憶味道。

七層塔煎鴨蛋

◆食材◆

七層塔2兩，鴨蛋6個、青蔥2條

◆調味料◆

醬油、酒、雞粉少許

◆作法◆

將七層塔切碎，和鴨蛋、醬油、酒、雞粉、青蔥拌匀，用油鍋煎至熟即可。

香煎韭菜鴨蛋

◆食材◆

韭菜4兩、鴨蛋6顆

◆調味料◆

醬油少許、酒少許

◆作法◆

將韭菜洗淨切碎後，加入鴨蛋，醬油少許，攪拌拌勻後，用油鍋煎熟即可。

鴨蛋煎蘿蔔絲

◆食材◆
蘿蔔絲1兩、鴨蛋6個

◆調味料◆
醬油、酒、糖少許

◆作法◆
將曬乾的蘿蔔絲洗淨後切斷，加入鴨蛋、醬油、酒、糖少許，攪拌拌勻後，用油鍋煎熟即可。

白斬雞

◆食材◆

嫩母雞3斤。

◆蘸醬◆

蒜頭、香菜（七層塔）、辣椒、醋、醬油

◆作法◆

①取一大鍋清水，放入青蔥、薑，煮滾後，加入雞油、鹽；另燒一鍋水供汆燙用。洗淨雞腹血水、內臟，反折雞腳塞入雞腹，汆燙2分鐘撈起，冷水洗淨放入烹煮鍋，熬30分鐘融出膠質。採三進三出（進6秒、退4秒）方式汆燙全雞，以去除血水，汆燙完畢撈起，待烹煮鍋水滾後投入。

②全雞下鍋立刻蓋上鍋蓋，轉大火，待鍋蓋邊緣冒出大量蒸氣、沸騰即熄火燜半小時以上（若雞隻重近3公斤則燜55分鐘）。

③起鍋的全雞趁熱抹上米酒與鹽，再倒掛雞隻，以電風扇吹涼靜置1小時（放入冰箱冰一晚最佳），即可切剁擺盤。

筍燜豬肉

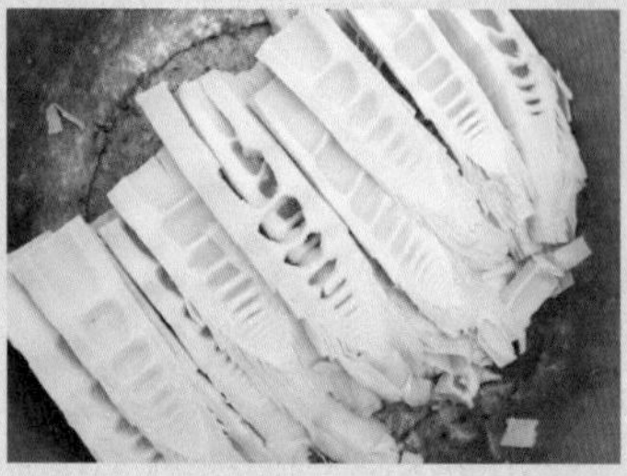

◆食材◆

熟筍7兩、五花肉7兩、蒜頭4粒

◆調味料◆

鹽、醬油、酒各少許

◆作法◆

①鮮筍用開水煮過，再用清水沖洗去苦味備用。

②將五花肉爆炒出油香，再將筍、豬肉、蒜頭、開水一起於鍋內炒勻後，酌量加入鹽、醬油、酒，燜煮至豬肉與筍熟香，即可起鍋盛盤。

鹹菜鴨肉湯

◆食材◆

鴨肉12兩、鹹菜4兩、薑片8片

◆調味料◆

鹽、酒、雞粉

◆作法◆

水滾開後汆燙鴨肉，新鮮鹹菜洗淨切小段備用；先煮開水，水滾放薑片和鴨肉，煮40分鐘後，再放鹹菜（留一小部分）；起鍋前15分，再放米酒及另一小部分的鹹菜，並調味即可。

老師傳說：煮鹹菜鴨肉湯加五花肉會更加鮮美。

炒高麗菜乾

這道菜最好用豬油拌炒，最能炒出美濃農家菜的傳統味。

◆食材◆
瓶裝高麗菜乾5兩、蒜頭4顆、辣椒1條

◆調味料◆
醬油、糖、酒少許

◆作法◆
①高麗菜乾洗淨，切段備用。
②起油鍋爆香蒜頭，放入高麗菜乾拌炒均勻後，加醬油、糖、酒調味，再燜約1分鐘，即可盛盤上菜。

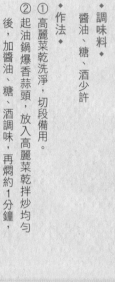

高麗菜乾排骨湯

◆食材◆

排骨0.5斤、高麗菜乾1小瓶、薑片2兩

◆調味料◆

鹽、酒、雞粉少量

◆作法◆

排骨洗淨氽燙後，放入加滿水的大鍋中，排骨煲煮40分鐘，加入洗淨切段的高麗菜乾，再煲煮15分鐘，調味即可裝盤。

鹽焗雞、鹽焗粉腸

◆食材◆
嫩雞2斤、粉腸1串、粗海鹽3斤、薑、蔥、蒜各適量

◆調味料◆
沙拉油和香油的混合油少量

◆作法◆

①用鹽和薑粉把雞及粉腸裡外全部抹遍，一共抹3次；然後把雞放入冰箱，約冰1～3小時。

②在鐵炒鍋裡鋪入海鹽。雞身塗滿混合油後，和粉腸一起裝進錫箔袋，放在海鹽上。再鋪上海鹽，蓋住整個錫箔袋。

③先用大火焗5分鐘；然後轉中火，焗約40分鐘；轉小火再焗5分鐘，焗至雞隻熟透即可。如果雞比較大隻，就自動增加時間。

④去掉錫箔袋，把熱鹽鋪盛在盤子，吃的時候用手把雞撕開，骨頭墊底，雞肉照原形排盤。

小故事

客家鹽焗雞，相傳是從伏羲氏教民庖犧、把鮮魚裹上泥巴，投進火中烤的故事演化而來的。後來，這種食法被惠州東江河邊的鹽工，加以改進創新，將鹽醃改用炒熟的鹽把雞焖熟，味道香濃、鮮美、嫩滑，創制出另一種風味的「東江鹽焗雞」，而成為客家傳統名菜。

由於炒鹽後會產生氟氣，容易上火，現在台灣有廚師是先把雞蒸熟後再去鹽焗，雖然速度加快，卻失去雞隻鮮美的原味。一九六七年，美濃劉貴上所經營的東海飯店的「鹽焗雞」，其美味曾轟動旗山地區。

子薑豆豉肉片

◆食材◆

子薑8兩、醃漬過的薑片2兩、五花肉片4兩、豆豉1兩、

◆調味料◆

酒、醬油、糖少許

◆作法◆

將五花肉片爆香後，放入二種薑片、加豆豉，少許醬油、酒、糖調味，拌炒均勻至入味即可。

早期美濃人原只用「粉薑炒豆豉」度過炎熱大小暑日子。慢慢地，子薑大量生產，也有錢買豬肉了，就演變成子薑炒豆豉肉片。此樣菜餚是美濃下酒、配飯的佳餚代表，可惜現在許多餐廳都沒有好好發揮。

子薑鴨片

◆食材◆

子薑6兩、鴨胸肉6兩、蒜末少許

◆調味料◆

醬油、酒、糖、胡椒各少許

◆作法◆

①子薑洗淨切片備用，鴨胸肉切片用調味料醃30分鐘。

②起油鍋小火將蒜爆香，轉大火炒軟子薑，加入鴨胸肉快炒均勻，轉小火燜煮約一分鐘，即可盛盤食用。

七、八月正值盛夏酷熱之季，美濃人多會利用時令盛產的嫩薑和鴨子，配合中國膳食原則的醫食同源：「五谷為養、五果為助、五畜為益、五菜為俾」；烹調「白灼仔鴨」、「子薑炒仔鴨」、「子薑炒鴨卵」等菜餚。百年來，這些鴨料理在美濃都是夏天的家常菜餚。

燜煮芋荷

◆食材◆

芋荷（梗）2斤、薑絲少許、七層塔少許

◆調味料◆

鹽、醋、客家豆醬一大匙

◆作法◆

芋荷洗淨切段備用，開火爆香薑片，芋荷倒入鍋內加2碗水，燜煮20分鐘後，加入客家豆醬、七層塔、鹽，再燜煮2分鐘，最後加醋拌勻，即可上桌食用。

在盛夏至立秋與中元節之間，美濃早期農村會出現「半野生」的芋頭及芋梗（客語稱：芋禾）；豆醬芋禾加子薑添醋的味道，在窮困農民生活間是一道令人懷念的客家傳統菜餚。

鹹魚肉餅

◆食材◆
新鮮鹹魚1條、豬絞肉6兩、薑末少許

◆調味料◆
醬油、麻油、胡椒各適量。

◆作法◆
①鹹魚去頭去骨，取魚肉切碎。
②拌勻魚肉和豬絞肉，再加入少量調味料，用手甩疊出球形的肉丸。
③起油鍋，放入肉丸煎至全熟。

梅菜扣肉

◆食材◆

梅乾菜2顆、豬五花肉8兩、青江菜9顆、蒜頭適量

◆調味料◆

鹽、糖、醬油、米酒

◆作法◆

①將青江菜洗淨，汆燙，泡冰水備用。

②梅乾菜泡水後，切碎，爆香蒜頭，加入乾梅乾菜拌炒，加糖、醬油、米酒調味，再用小火燜煮3分鐘。

③豬五花肉用蒜頭、醬油醃10分鐘後，起油鍋，煎炸至透亮。切成長形塊狀，取一大碗依序擺上五花肉塊，皮朝下。

④將燜煮後的梅乾菜加在豬肉上面，蓋上保鮮膜，送入蒸籠中，大火蒸1小時。

⑤取一大水盤，用青江菜做盤飾，再將大碗中的梅菜扣肉倒扣入大盤中即可。

客家炸肉丸

◆食材◆
豬後臀肉10兩、紅蔥頭5顆

◆調味料◆
鹽、酒、雞粉、胡椒、醬油各少許

◆作法◆
將豬後臀肉、紅蔥頭一起絞成絞肉（手工剁碎最好），沾醬油及酒，甩打成丸子，經由炸成型即可蘸胡椒鹽食用。

客家肉丸湯

◆食材◆
炸好的豬肉丸子12粒、大黃瓜一條

◆調味料◆
油蔥酥、鹽、雞粉、胡椒各少許

◆作法◆
水滾先煮豬肉丸子，後放大黃瓜及調味料。
早期有人放鴨蛋；如用清燉丸子，要加冬瓜及鵪鶉蛋、蛤蜊。

「客家肉丸」是客家地區一樣大菜，尤其是婚喪喜慶宴席中，它是必備的湯品菜。屏東高樹、內埔、美濃等地餐廳的菜單上都有「客家肉丸」，外地人來到南部客家地區要吃客家菜，「客家肉丸」或「肉丸湯」也是必點的佳餚。

客家肉餅

◆食材◆

豬五花肉1斤（或豬五花絞肉）、紅蔥頭6粒、豆豉少許

◆調味料◆

鹽、雞粉少許、酒、醬油各1大匙

◆作法◆

① 豬五花肉洗淨擦乾，去掉豬皮

② 將豬五花肉剁碎，拌入紅蔥頭，做成紅蔥頭絞肉，再加鹽、雞粉、酒、醬油調味，拌勻後裝於水盤上，撒上少許豆豉，放到鍋中蒸約10分鐘至肉熟即可；蒸太久，肉會變老而影響口感。

封肉

◆食材◆

豬五花肉一塊（約2斤6兩）、筍4兩、油蔥酥、香菜、蒜、蒜苗、甘蔗4節、雞架子、豬頭骨各一副或雞油

◆調味料◆

酒一瓶、鹽少許、醬油適量

◆作法◆

將豬五花肉洗淨汆燙，用油炸過後，先放入甘蔗墊底、雞架子、豬頭骨或雞油放入大鍋中，加入鹽、醬油、酒水(家庭食用多用水)；大火滾開後小火文燜一個半小時，筍乾洗淨後，利用封肉的濃湯燉煮至熟透入味。

小典故

客家封肉原名「炆大封」。一般家庭單塊很難炆燜，如要炆燜必須具備上面所有的食材。

在美濃每逢婚、喪大事，神明聖誕，或祈福、完福祭祀活動的宴席上，總有一道「封肉」佳餚，它是席宴中尊貴的代表。美濃人特別喜愛此菜餚，數百年不變，是有其深奧的意涵；早期，伙房中每當有人談起完神，就會聯想到有封肉吃了，就表示在伙房中，是有「大事」要發生，即是有「大封」會出現於宴席中了。根據調查，美濃的大封可能與蘇東坡的「東坡肉有關」，因為美濃人早期炆大封的方法與蘇東坡的《食豬肉詩》中「慢著火，少著水，火候足時它自美」很像；「封」是「方」字轉音而來，有敕封進爵的意思。

薑絲大腸

◆食材◆

肥豬腸12兩、嫩薑8兩、（有些餐廳會加蒜苗或酸菜）

◆調味料◆

鹽少許，將醋、米酒、客家豆醬調成一碗醬汁

◆作法◆

①將肥腸去油脂洗乾淨，切小段狀，汆燙沖冷水。

②熱油鍋，爆香薑絲後，加入肥腸拌炒，再將鹽、醋、米酒、醬汁倒入，快炒幾秒即可。

六十年前的美濃，薑絲與豬大腸要同時出現於婚喪喜慶宴席上，是一件不可能的事；它是廚官們及工作人員，最愛的一道下酒菜餚；也是閒餐菜，很早以前吃薑絲大腸一直是美濃人很期待的一件事。洗豬大腸要用鹽清洗兩面，內部肥油不能全部清除。

小故事

「豬肥腸」在贛南客家俗稱「東坡」，意在吃此菜如同品蘇東坡的詩一樣，久吃（看）不膩，越吃（品）越有味。據說，酸菜炒豬腸原本僅是餐桌、宴席上一道便菜。北宋紹聖元年，蘇東坡首次來贛州初嘗此菜，便被晶瑩透明、清香撲鼻、色香味俱全所陶醉；之後再訪贛州時，蘇東坡每天都要點這道菜，因而留下了許多詩文題詠。後來，酷愛文化的贛州人，為紀念這位千古名人，把蘇東坡愛吃的那道菜取名「炒東坡」、「酸菜東坡」。

花生豬腳

◆食材◆

豬腳14兩、花生6兩、蒜苗少許

◆調味料◆

鹽少許、胡椒、米酒。

◆作法◆

花生先泡一晚鹽水，汆燙豬腳，開水滾開，花生煲煮兩小時之後，再放豬腳一起煮一小時，而後調味即可，上桌前撒上蒜苗。

美濃人視豬腳為高貴禮物，早期常被當送年、送節的重要禮品。

高麗菜冬瓜封

◆食材◆
高麗菜半顆、冬瓜2斤、豬骨濃湯一大碗、豬骨頭、雞胸架子一副

◆調味料◆
醬油、鹽、油蔥酥

◆作法◆
將豬骨頭、雞胸架子、洗淨的冬瓜、高麗菜，放入大鍋中和豬骨濃湯一起燉煮二小時。上桌前擺上香菜少許，淋上油蔥酥濃湯。如家庭食用可用豬肉和雞肉一起燜煮，有大閹雞最佳）。

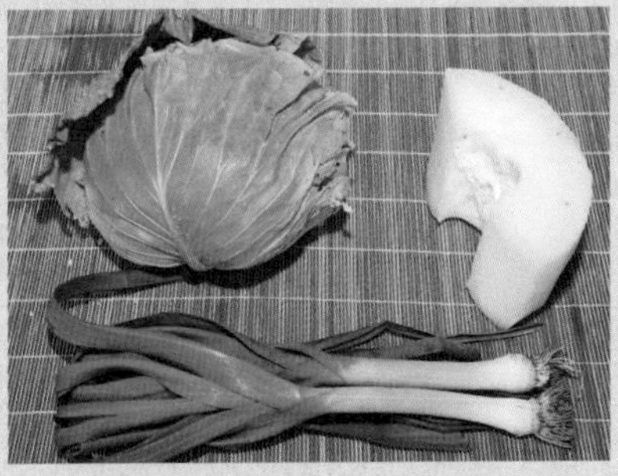

小典故

「冬瓜封」和「高麗菜封」都是早期客家人宴席前一天的閒餐菜。後來過年及二月戲期間，美濃人為了宴請親朋，便創造了一鍋有封肉、封雞、冬瓜封和高麗菜封的多樣性佳餚，也成為美濃在地名菜。

苦瓜封

◆食材◆

苦瓜2條、絞肉8兩、紅蔥頭8顆

◆調味料◆

醬油、酒、鹽、雞粉

◆作法◆

將洗乾淨的苦瓜汆燙後，中間剖開但不切斷，再將紅蔥頭切碎與調味料拌入絞肉中，鑲入絞肉的苦瓜再放入大鍋中燉煮一小時半。

小典故

原菜名是「封苦瓜」，美濃人在婚喪喜慶宴席中，不能用帶「苦」字的苦瓜料理菜餚。這道菜的出現，是出現青菜批發商人來美濃賣苦瓜後的事，二月戲活動因為要宴請親朋，添加菜色而創造出來之菜餚，於今只能在一般家庭中出現，餐廳小吃還不願意展示此功夫菜餚。

鳳梨醬燒鯛魚

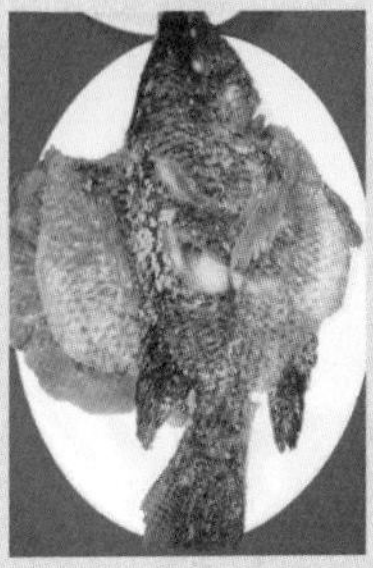

◆食材◆
鯛魚一尾（約1.5斤）、鳳梨醬4塊、蒜頭4粒

◆調味料◆
醬油、酒少許、鳳梨醬剁碎

◆作法◆
將鯛魚洗淨，先乾煎後，再加入鳳梨醬、醬油、酒、少許水，燉煮至入味即可上桌。

蘿蔔粄

◆食材◆

在來米粉0.5斤、蘿蔔2斤、蝦米、青蔥、雞蛋

◆調味料◆

鹽、雞粉、胡椒

◆蘸醬◆

蒜頭、香菜、辣椒、醋、醬油

◆作法◆

①將在來米粉加水調成糊狀。

②將新鮮蘿蔔洗淨後刨絲，加入雞蛋、蝦米、青蔥，調味後加入①的麵糊

③將①、②拌勻後用油煎至熟。

煎絲瓜粄

◆食材◆

絲瓜1.5條、低筋麵粉、在來米粉各0.5小碗、蛋4顆、青蔥、紅蔥頭、蝦米各適量

◆蘸醬製作◆

蔥末、蒜末、香菜、辣椒和適量醬油，拌勻。

◆作法◆

將絲瓜削皮刨絲，加入青蔥、紅蔥頭、蝦米、蛋、在來米粉、低筋麵粉，酌量加水，拌勻後先下鍋煎熟一塊試吃，軟硬度適當後，再做香煎即可。

美濃傳統飯乾

◆食材◆

糯米0.5斤、紅蔥頭5粒、絞肉（或肉絲）3兩、乾魷魚絲1兩、蝦米少許

◆調味料◆

鹽、醬油、胡椒各少許

◆作法◆

①糯米洗淨，浸泡30分鐘。

②將絞肉、乾魷魚絲、紅蔥頭、蝦米拌炒至發出香味，再加入糯米，與鹽、醬油、胡椒拌炒至糯米都上色，再放入鍋中，酌量加水燜煮40分。（或用蒸籠蒸熟）。

蘿蔔苗小封

◆食材◆
小封肉1.5斤、蘿蔔苗2兩

◆調味料◆
醬油、酒各少許

◆作法◆
①蘿蔔苗泡洗乾淨備用。
②將已紅焖好的小封肉，用小火爆炒出油香，加入蘿蔔苗拌炒後，加醬油、酒拌勻即可盛盤食用。

每年蘿蔔盛產之際，美濃農民們習慣要曬蘿蔔乾、絲，每戶人家也都喜歡留一點蘿蔔做「蘿蔔苗」。美濃人的小封炆焖，一年沒有幾次，早期是桌心珍品，吃完兩餐後，母親要再煏出原有小封之油，來爆炒深藏多年的蘿蔔苗，創造出一道令人驚訝的美味佳餚「蘿蔔苗小封」。這道菜也是客家媽媽們的智慧，用隔餐或隔夜的封肉，加上蘿蔔苗拌炒過，就是一道不同風味又下飯的好菜餚，同時也展現客家人不浪費食物的節儉美德。

蒜炒蜆仔

◆食材◆

河蜆1.5斤半、大蒜5粒

◆調味料◆

鹽、醬油、酒各少許

◆作法◆

① 河蜆置放清水中一天，使之吐沙。

② 起油鍋，加入大蒜末、河蜆，隨即放鹽、醬油、酒，拌炒至熟入味，即可盛盤食用。

樹豆豬腳湯

◆食材◆

樹豆6兩、豬腳1隻、蒜苗2條、香菜少許、老薑6片

◆調味料◆

鹽、酒、雞粉、胡椒各適量

◆作法◆

①樹豆洗淨泡水，靜置一夜。

②豬腳洗淨切塊，汆燙後備用。

③樹豆放入加滿水的大鍋中，煲煮3小時，再放入豬腳一起煲煮至熟，起鍋前加少許鹽、酒、雞粉、胡椒調味即可。

④香菜、蒜苗切小段末，另裝於小碗盤中，食用時再撒上。

小典故

美濃客家人習慣在山腳圳邊、屋前田埂地，種植樹豆；它原是預備糧食，如今卻變成菜餚美食了。「樹豆」又稱樹黃豆、鴿豆、木豆、柳豆、三葉豆、千年豆等。花蓮光復鄉以前的地名為「馬太鞍」，即阿美族語的「樹豆」，以前此地為河川沖積地，到處長滿樹豆，原住民採取樹豆為主副食，因而得名並沿用久遠。

美濃塔香羊肉湯

◆食材◆

羊肉1斤、老薑1兩、七層塔少許

◆調味料◆

鹽少許、米酒1瓶

◆作法◆

①羊肉洗淨切塊，汆燙。

②起油鍋炒香薑片，拌入羊肉後，加入水、米酒，煲煮至羊肉軟爛。起鍋前放置七層塔即可。

小典故

早期美濃淺山，天然青草果樹茂密，月光山、人字山、金字面山系，甚多農民飼養土羊，有完神祭祀及三獻禮，必有全豬、全羊。美濃農民特別愛好羊肉，據《本草綱目》載：羊肉暖中補虛，補中益氣，開胃健力，益腎氣，它味甘，入脾、胃、腎、心經，最適宜於冬季食用，故被稱為冬令補品。由於羊吃百草，會根據自身生理需要選擇草木，所以羊有「百藥之庫」之稱。古人云：「多吃羊肉，健康長壽。」美濃人愛吃羊肉的特性，可能是從遷徙歷史中體悟出來的智慧吧！

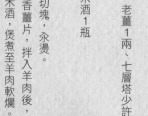

封鴨

◆食材◆

全鴨1隻、甘蔗6小節、蒜頭6兩、香菜少許

◆調味料◆

米酒一瓶、鹽及醬油適量

◆作法◆

①將全鴨洗淨，取一大鍋，過油汆燙備用。

②甘蔗放入鍋內墊底，再放入鴨隻、酒、蒜頭、醬油，加入蓋過鴨隻的水，再燜煮至鴨隻熟透即可。盛盤時撒上香菜少許，再淋上封鴨濃湯。

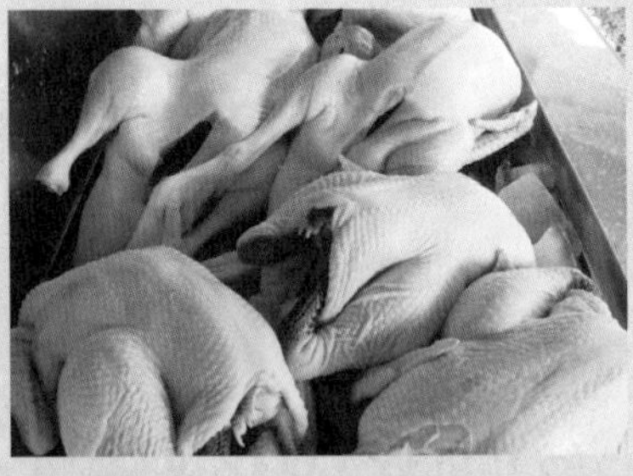

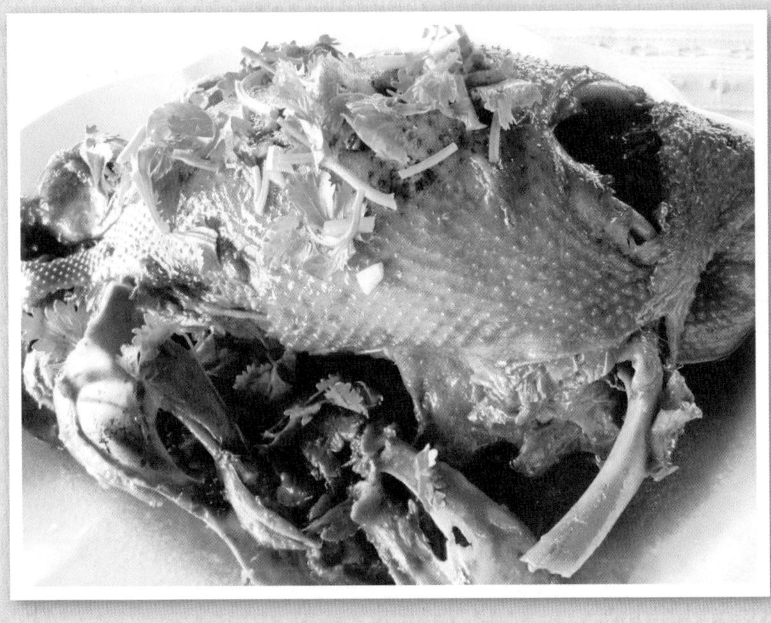

虎豆甜湯

◆食材◆

虎豆0.5斤、綠豆蒜6兩、冬瓜糖半塊、桂圓肉少許

◆作法◆

①綠豆蒜洗淨蒸熟備用。

②將冬瓜糖放入加滿水的鍋中，等糖水滾開後，倒入虎豆，熬煮30分鐘至豆子熟透，起鍋前放桂圓肉即可。

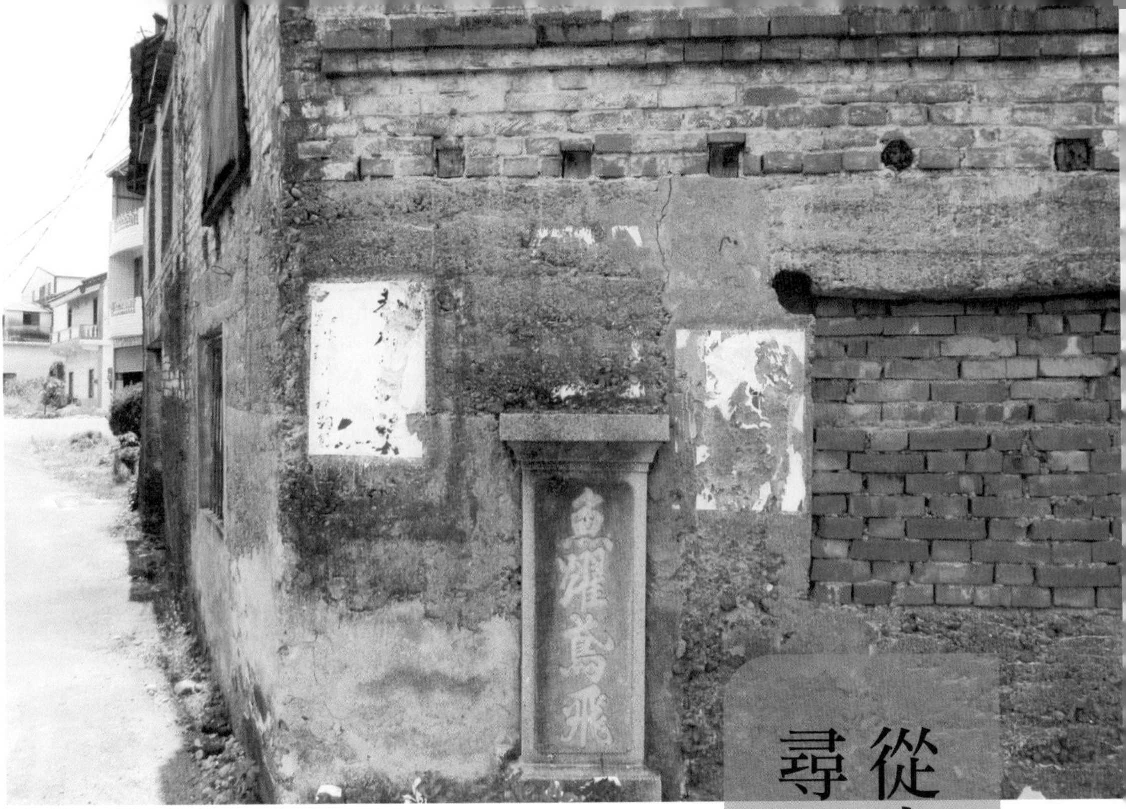

後記

從生活、飲食記憶中，尋回阿嬤的味緒

在台灣談到飲食文學，早一點的，要從飲食的散文名家如唐魯孫、夏元瑜、逯耀東、陸文夫說起，近一點便是林文月、焦桐、韓良露或蔡珠兒、歐陽應霽、張曼娟，方梓、王宣一等等，美濃人僅有鍾理和一人而已；但是他們寫的多半是細微的記憶、母親的味道，追尋的是「失去的童年，喚不回的青春」，以及親情、百味雜陳的人生；鮮有做單一農村歷史文化與菜餚多樣性的記錄。

當我跟會醃製酸筍、或曬製乾筍、醬竹筍的

老媽媽話家常時，她隨口就唸出兩句與竹筍有關的山歌歌詞：

「種竹最怕竹開花，黃蔴最驚會叉杈；阿妹連郎心愛定，唔好聽人花舌嬤。」

「竹筍尖尖出泥皮，幾多十想無人知；初一想到二十九，想來想去月盡哩。」

美濃早期農民生活中，與竹林、竹子關係密切，生活總有即興唱山歌的習慣，美濃人把工作情境、樣態、男女愛情融入客家傳統歌謠中，那是「美濃飲食文化」中飲食文學之一種。

凝視著外公古阿珍火房殘缺的門樓「臨依橫溝」，只剩下一邊斷垣鐫刻著「鳶飛魚躍」的門柱，再轉望雙峰山、月光山，遠看竹頭背到中圳埤頭；倒回六十年前美濃的實境，美濃曾經是青山翠綠，有湖光山色景緻，河溪、田野、圳溝皆有自然湧泉，濃山秀水、地靈人傑的好地方；山林田園間，有「十里青山，鳥聲斷續」、「綠樹有聲，閒鳥躍啼」、「秋風輕送，極目青秧，白鷺橫田，孤雁驚飛」，這一幕幕的大自然村野情景，呈現給人最真、善、美的圖畫。經過六十年時間的流轉，美濃山中已無茂盛參天的大樹，溪旁竹林、湧泉已消失，聽不見「鳥鳴猿啼、蟬叫蛙呱」，看不到「蝦蟆上路」，要想見到「鳶飛魚躍」、「鱸鰻上攤」更是難上加難；我常對人說：美濃是殘山勝水頹敗的村莊了。

人類必須透過「飲食」來取得維生所需的營養。因此，對於人類而言，飲食活動是必須且饒富意義的。再者，日常生活的飲食除了滿足生理需求外，更在社會中形成許多有趣的現象；我花了很長時間，去研究調查飲食學及食物的歷史、來源、知識，農業、環境和生態環境，蔬菜的多樣性等問題，而後再跟我六十年時間的所見所聞做連結彙整，二十年前，為了瞭解「美濃傳統農家菜」，向母親及伙房的嬸嬸們，學習做美濃人的鹽醃菜系、粄食製作；為了要了解六、七十年前或八十年前美濃人的生活面向，及貧窮農家三餐吃的家常菜，必須多次跟八十幾歲以上的鄉親話家常；所幸，在我蒐集美濃俗諺、農諺、飲食諺中，獲得不少真人真實的生活經驗與口述，也記錄了不少更早期農民絡�的生活方式。多年來，我與地方農民、耆老、婦女媽媽做長期的訪談閒聊，認為這是美濃飲食歷史及飲食記憶整理的重要工作。

尋回美濃傳統農家菜的意義

美濃飲食文化的變異，當然時空歲月、地理交通、農耕環境的遽變為其主因外，尚有其他客觀因素；現在從美濃傳統市場的魚貨供給來看，百分之九十六都來自外地的海產，美濃本地的河、溪、山產，僅剩一部分的南洋魚（吳郭魚）、溪哥，或久久才出現一次的塘虱、鯉魚、鯽魚、黃鱔，沙鰍、田螺之類的田產幾乎滅絕了，「蜆仔泌，田螺湯」的夏季天然美味全然消失。

從一九六二年起，美濃開始有了外燴辦桌生意人，海鮮魚貨、雞、鴨、鵝的批發生意，都是由旗山鄭姓、李姓福佬人掌控，美濃的廚師及百姓漸漸也就遠離了「美濃傳統農家菜」。近三十年來何其幸運的是，美濃有許多庄頭的新年福、滿年福及伯公生日，以及各宮廟神明之聖誕千秋的宴席，由於完神、三獻禮等祭祀禮儀的傳襲，把祭祀牲禮中全豬、全羊烹調成的「封肉」、「小封」、「封鴨」、「羊肉湯」、「豬頭皮鹹菜」，還保留在傳統菜餚的品項中。但是，由於供品粄食的製作及筵席外包，卻讓祭祀飲食蘊藏其內的客家歷史文化與內涵逐漸消失。聚落居民、信仰圈的善男信女食客，漠視了祭祀供品、菜餚背後的典故與意義；趕場拜票的政客，在意且關心的是人潮選票；難怪外燴廚師、禮生、樂師與廟公、經辦人員，一有機會就簡趨陋，讓原形、原味的家鄉農家菜餚變了調、走了味。美濃餐飲界者與廚師們，不知道美濃的「傳統農家菜」也有「五滋六味」令人驚豔的美味，只是我們不去注意而已。

例如蘇東坡的〈老饕賦〉中「嘗項上之一臠」，指的就是豬的脖子肉（松坂肉），美濃人稱之為「磨兜肉」或「刀頭肉」，這是早期美濃農家菜中最多人吃，最常被利用的食材。在袁枚的《隨園食單》和梁實秋的《雅舍談吃》中，有高度讚譽的「油爆雙脆」，屬魯菜，是山東地區特色傳統名菜；傳到美濃來時，卻變成酒家中的「炒響肚」了。五十年前，它是「珍好味」、「天一飯店」、「東海飯店」、「第一樓」酒家的名菜，現在美濃餐飲界者與廚師們，無人會烹調此菜，確實令人擲箸浩歎！

客家的香格里拉在美濃

計劃出版「美濃傳統農家菜」一事，是經過很多年籌備、許多人參與討論的大事，非常感謝李慧宜、溫仲良、曾宏智、李玉蕭、廖靜蕙、張倩、黃國銘、王玲秋等給我初期的構思、高見。出書案原有準備五冊出版計劃，由於本人體弱多病，進出醫院多次，把出書的計劃延宕再延宕，養病期間，唯有再做更深入的田野調查及農民訪問，或參加各廟宇伯公神明生日的活動，多做傳統菜餚、農家食材、傳統市場的拍照。

病情穩定後，幸有高雄市美濃區美濃農會總幹事鍾清輝與推廣部主任鍾雅倫鼎力支持，於二〇一七年四月年間進行出版締結和約；我特別要感謝王玲秋校長，與我多次討論：數百種中美濃農家菜餚的分類，並提供高級餐具及花布，讓計劃選定的菜單，得以妥善拍照、品嚐、與存檔。在許多美濃民間農家菜餚中，本書食譜最後由出版公司慎選定奪菜餚，我蒐集的文獻及訪談紀錄，可能無法於本書詳窺全貌，確有遺珠之憾！

「吃食」，也許不全面代表著社會的發展程度，或是一個人身份和地位，而是「食物」本身，是文化和生態的交會口，展現了社會經濟與大自然的連結，因此，食物甚至可以成為比語言更重要，更具有地區和文化代表性的東西。事實上，客家飲食的傳承，已經從家庭進入到市場，家庭中客家菜烹調的技藝傳承，可能在逐漸消退，但是許多老一輩的美濃阿嬤與媽媽們，呵護著傳統使命食物的生命力，順應自然及時令節慶，真情誠心做合宜的食物，意味著對傳統生活方式的某種延續。

當我們慢慢細嚼、靜心品嚐美濃阿嬤的農家菜時，會發覺：它承襲了各方風味與特色，在平淡中顯出真味，它源於天然，又歸於自然，這就是美濃飲食文化的經典要素。美濃文化的瑰偉與璀璨，在於美濃飲食文化的厚度及內涵；根植記憶深度的阿嬤味道，自然樸實的傳統農家菜，縷述了濃山小鎮美食的傳奇，背後的典故及動人故事，艷麗了美濃文化的彩度，它可以讓國內外的旅客瞭解何者為客家精神，客家的香格里拉在美濃！客家之美在美濃！客家精神在美濃！大伙房在美濃！

祈望《尋找阿嬤的味緒》一書，帶來真實的效益

現在台灣農會農事推廣教育中，都強調農事生活化及在地鄉土農業化，也很積極在追求「農業文創」；國立政治大學傳播學院的鄭自隆教授說：「農業文創≠農產品包裝」，包裝或設計，在整個文創化過程中只是末端，不可本末倒置。」他還是主張，文創應該要有更深層的意涵，文創就是「文化商品化、商品文化化」。

因此包含農業在內的所有生活方式、產業經營，均應思考能否加入「文化」、「創意」元素，而成為「文創產業」。美濃阿嬤的味緒（氣）就是《尋找阿嬤的味緒》一書，本身是客家先民，美濃來台祖先生活方式的展現，也是族群聚集演化過程所呈現的集體記憶，呈現以往到現代的生活軌跡，《尋找阿嬤的味緒》可以透過歷史、地理、人文、產業各種面向來展現，所以美濃「農業文創」有斯土斯民的印記，也有歷史典故、鄉野傳說，《尋找阿嬤的味緒》一書的出現，即可視為美濃農業文創的圭臬。

國家圖書館出版品預行編目(CIP)資料

尋找阿嬤的味緒：美濃客家飲食文化與生活智慧/ 邱國源著. --
初版. -- 臺北市：商周出版：家庭傳媒城邦分公司發行,
2018.04
面； 公分. --（映像紀實；30）
ISBN 978-986-477-445-6（平裝）

1.飲食風俗 2.客家 3.高雄市美濃區

538.7833 107005015

映像紀實 30

尋找阿嬤的味緒：美濃客家飲食文化與生活智慧

作　　者／邱國源
攝　　影／鍾北鳳、邱國源
食譜廚師／邱雙明、廖家豐、劉金忠、鍾劉瑞枝、邱國源
食譜協力製作／王玲秋、邱嘉毓
企劃選書／高雄市美濃區農會、黃靖卉
責任編輯／彭子宸

版　　權／翁靜如、吳亭儀、黃淑敏
行銷業務／張媖茜、黃崇華
總 編 輯／黃靖卉
總 經 理／彭之琬
發 行 人／何飛鵬
法律顧問／台英國際商務法律事務所羅明通律師
出　　版／商周出版
台北市104民生東路二段141號9樓
電話：(02) 25007008　傳真：(02)25007759
blog : http://bwp25007008.pixnet.net/blog
E-mail : bwp.service@cite.com.tw
發　　行／英屬蓋曼群島商家庭傳媒股份有限公司城邦分公司
台北市中山區民生東路二段141號2樓
書虫客服服務專線：02-25007718；25007719
服務時間：週一至週五上午09:30-12:00；下午13:30-17:00
24小時傳真專線：02-25001990；25001991
劃撥帳號：19863813；戶名：書虫股份有限公司
讀者服務信箱：service@readingclub.com.tw
城邦讀書花園：www.cite.com.tw
香港發行所／城邦（香港）出版集團有限公司
香港灣仔駱克道193號東超商業中心1樓　E-mail:hkcite@biznetvigator.com
電話：(852) 25086231　傳真：(852) 25789337
馬新發行所／城邦(馬新)出版集團 Cite (M) Sdn Bhd
41, Jalan Radin Anum, Bandar Baru Sri Petaling,
57000 Kuala Lumpur, Malaysia.
Tel: (603) 90578822　Fax:(603) 90576622　E-mail:cite@cite.com.my

封面設計／張燕儀
排版設計／洪菁穗
印　　刷／中原造像股份有限公司
經 銷 商／聯合發行股份有限公司
電話：(02)2917-8022　傳真（02）2911-0053
地址：新北市231新店區寶橋路235巷6弄6號2樓

■2018年4月17日初版　定價350元
ISBN 978-986-477-445-6　　Printed in Taiwan

城邦讀書花園
www.cite.com.tw